金利がわかると経済の動きが読めてくる!

Interest Rate

鈴木雅光 Suzuki Masamitsu ●著

Subarusya

はじめに

⇨「金利感覚」を養って、将来を先読みする経済観＆失敗しない資産運用力を身に付けよう！

「今さら金利の本？」

本書の表紙をご覧になった方の中には、このような感想を持った方もいらっしゃると思います。

無理もありません。前回、日本が「高金利時代」だったのは、もうかれこれ18年も前の話になります。当時は「郵便局の定額貯金に預けておけば、満期時には元本が倍になっている」などと言われました。今では想像もつかない話です。

これだけ〝超低金利時代〟が続くと、誰もが「預貯金の利息でお金を殖やそう」「預貯金の金利収入で老後を暮らそう」などという考えを持たなくなってしまいます。

でも、やはり「金利」にまつわる最低限の知識を持つことは、これからの経済社会を生きていく上で、とても大切なことだと思います。

●「金利」の動きを把握して、今後の日本経済を先読みする！

「金利」を単なる数字としてとらえると、何とも無味乾燥なものに

映ってしまいますが、そこには、経済に関するさまざまな情報が織り込まれているのです。

　どうして、今年（2009年）に入り春先にかけて、欧米、日本の長期金利が上昇傾向をたどったのでしょうか？

　その背景には、2008年に米国で起こったリーマンショック以降、非常に厳しい状況に追い込まれた世界経済が、何とか現状から脱しようとして苦しみ、もがいている姿が浮かんできます。

　少しでも景気を浮揚（ふよう）させるために、景気対策を打ち出さなければならない。でも、それにはお金が必要だ。ならば、国債を発行して、金融市場から資金を調達しよう──。

　こうした流れの中で、欧米や日本の長期金利は、上昇傾向をたどっていきました。

　では、そもそも日本の金利は、どうしてここまで低水準になってしまったのでしょうか？

　その背景には、1990年代に入って以降、バブル経済崩壊による平成不況があったのは明白です。非常に長い不況のトンネルに入ったところで、日本を襲ったのがデフレでした。

　デフレとは、物価水準がどんどん下がっていくことです。この先、さらに物価が下がることがわかっていたら、誰も今、モノを買おうとはしなくなります。

　それが消費意欲を抑え、景気の悪化につながります。当然、金利水準は低下傾向をたどります。

　今、日本の金利水準は、相変わらず超低金利というべき水準にあります。

　2002年2月から2007年10月にかけて、日本の景気は戦後最長の拡大局面を記録しました。それでも、金利は一向に上がる気配を見せませんでした。

はじめに

この間、日本銀行は「量的金融緩和政策」や「ゼロ金利政策」を解除したものの、その後の金利上昇幅は、ごくわずかなものにとどまりました。それは恐らく、日本経済が、高度成長から低成長へとシフトしたからです。

　と、このように、「金利」という数字を見るだけでも、世の中の流れがいろいろと見えてきます。
　私たちの生活が、「経済」と切っても切れない関係にある以上、「金利が何を物語っているのか？」を知ろうとする気持ちを持つことは、とても大切なことなのです。

● 「金利計算」を学んで、失敗しない資産運用力を身に付ける！
　また、「金利」の概念は、何も預貯金の利率のみに適用されるものではありません。
　今や、個人が利用できる資産運用商品は、預貯金に限らず、投資信託、株式、外貨、不動産など多様化が進んできました。
　こうしたさまざまな投資商品にも、「利回り」という概念が存在します。株式の「配当利回り」しかり、投資信託の「騰落率（とうらくりつ）」しかり。
　確かに、超低金利によって、預貯金利率の魅力は低下しています。しかし一方で、株式の配当利回りや投資信託の騰落率などを見ると、魅力的なものはまだまだたくさんあります。
　今後、資産を運用する上で、この手の投資商品をはずすことはできません。
　経済の流れを把握するだけでなく、資産運用の対象を正しく選ぶ上でも、「金利」や「利回り」に関する最低限の知識は、持ち合わせておいた方がいいに決まっています。

● **ウマイ話に絶対に乗らない「自己防衛力」を養う！**

　そして、「金利感覚」を持つことは、「自分の資産を守る上でも大事だ」ということを、最後に付け加えておきたいと思います。

　昨今、個人の資産を狙った「詐欺事件」が頻発していますが、この手の投資詐欺にありがちなのが、実際の市場金利に比べて高めの利回りを約束して、お金を集めるというものです。

　現在の金利水準が低いだけに、年５％、あるいは６％という高い金利を目にすると、「自分も何とかその恩恵に預かりたい！」という気持ちになるのも無理はないでしょう。

　でも、市場金利の水準を把握していれば、「そんなにウマイ話などあるわけがない」と冷静に考えることができ、この手の話に騙されるリスクを大きく減らすことができます。

　本書では、経済社会から見た現在の金利の位置付けから、金融商品別に見た利回りの概念、そして、金利計算の基礎知識まで、「金利」に関するすべての内容を網羅的に書いてみました。

　「金利」の動きから今後の日本経済や世界経済を読み解いたり、また、実際に資産を運用する際の参考にしていただけたら、筆者としてこれに勝る喜びはありません。

　2009年８月

JOYnt代表　鈴木雅光

「金利」がわかると経済の動きが読めてくる！　　目次

はじめに　………2

➡ PART1
「金利」はこんなに日常生活に関係している！

1 いつまで続くの？日本の「超低金利」 ………18
  - 日本の金利はなぜこんなに低いのだろう？
  - 将来への期待が強いほど金利は上がる？

2 「物価上昇」の要因を整理してみると… ………22
  - 「物価上昇＝金利上昇」、「物価下落＝金利低下」
  - 物価が上がる3つの要因とは？

3 預貯金ではインフレリスクをヘッジできない？ ………26
  - 物価の上昇よりも金利が高ければいいが…
  - 物価の上昇に金利がついていけない！
  - 日本は金利を上げたくても上げられないジレンマに陥る!?

4 もしも「金利」が急騰するとしたら… ………30
  - 世界的な資金不足による貸手強気の金利上昇！
  - 「最悪シナリオの下での金利上昇」が
    だんだんと現実味を帯びている…

5 家計の貯蓄減少が招く金利上昇 ……… 34
- 金利低下はお金を貸す人から借りる人への「所得移転」だ！
- 民間企業の資金調達に支障をきたす「クラウディング・アウト」とは？

6 「高金利通貨」投資のワナ ……… 38
- 「高金利」だけで判断するのは愚の骨頂！
- 「為替変動」で金利差は簡単に吹っ飛ぶ
- 他にもまだある！「高金利通貨」投資の落とし穴

▶ PART2
「金利」の決まり方を理解しよう

1 そもそも「金利」って、何だ？ ……… 44
- 「金利 & 利率」は元本に対する割合（％）のこと
- 「利子 & 利息」は元本に対する金額のこと

2 「金利」を動かすのは、お金の需給バランス ……… 48
- 借り手が多く、貸し手が少なければ金利は上がる
- 規則性がある「金利体系」

3 「短期金融市場」とは？ ……… 52
- ◆「インターバンク市場」について見てみよう
- ◆日銀は「無担保コール翌日物金利」を操作することで金利政策を行う
- ◆「オープン市場」について見てみよう

4 「長期金融市場」とは？ ……… 56
- ◆長期金利の一番の指標となるのは「10年物利付国債利回り」
- ◆「長期金利」の動向は日本の金利の根幹をなす

5 「日本銀行」の金利に関する役割とは？ ……… 60
- ◆「銀行の銀行」「発券銀行」「政府の銀行」そして、「日本の金融政策の担い手」
- ◆日銀の3つの「金融政策」とは？

6 「経済成長力」と「金利」の関係を読み解こう！ ……… 64
- ◆「金利」はさまざまなサイクルを描いて変動する
- ◆経済の成長期は金利は上昇、低成長期は金利は下落する

7 「景気」と「金利」の関係を読み解こう！ ……… 68
- ◆「景気」→中期的な金利サイクルを形成

8 「季節要因」と「金利」の関係を読み解こう！ ……… 72
- ◆短期的なスパンでの金利変動を見てみよう
- ◆「季節要因」は「短期金利」に影響を与える

9 「物価」と「金利」の関係を読み解こう！ ……… 76
- ◆「物価」と「資金フロー」の関係を見てみよう
- ◆「物価」と「日銀」の関係を見てみよう

10　「信用不安」と「金利」について確認しておこう　……… 80
- 「金利」は信用力が低いと上がり、高いと下がる
- 信用力で金利が決まる典型は「債券金利」
- 「債券格付け」の表示の意味を知ろう

➡ PART3
これだけある！「金利」の種類

1　「規制金利」について見てみよう　……… 86
- 金融の自由化が進み、現在政策金利の中心は「公定歩合」から「無担保コール翌日物金利」に
- かつては「金利規制」をして銀行間の競争を避け、経済発展の礎とした

2　「自由金利」について見てみよう　……… 88
- 日本初！「債券現先取引」で自由金利が登場
- 一般個人がはじめて自由金利商品に触れられたのは「MMC」
- 預金者が「自由金利」の恩恵を受ける前に、超低金利時代に突入！

3　「固定金利」について見てみよう　……… 92
- 「高金利」時なら預け入れるのがメリット大
- 「低金利」時なら融資を受けるのがメリット大

| 4 | 「変動金利」について見てみよう 96

- ◆「金利上昇」局面で運用すればメリット大
- ◆「金利下降」局面で融資を受ければメリット大

| 5 | 「名目金利」と「実質金利」の違いをしっかり理解しよう！ ... 100

- ◆「名目金利」とは名目値の金利、
  「実質金利」とは物価の上下を加味した金利
- ◆ 名目金利だけでは本質はつかめない為替レート
- ◆ 借金をするなら「インフレ時→有利」、「デフレ時→不利」

| 6 | 「利率」と「利回り」の違いについて見てみよう 104

- ◆ 100万円を5年満期の金融商品で運用した場合、
  「利率」が2％なら「利回り」は2.092％
- ◆「利率」と「利回り」は全くの別物。惑わされないように要注意！

➡ PART4
各投資商品の「利回り」を見てみよう

| 1 | 投資商品にあるさまざまな「利回り」の概念を知ろう 108

- ◆ 低金利時代、株や債券投資も視野に入れたい
- ◆ 投資商品特有の収益を示す数字を理解しよう
- ◆ 数字を理解することは、資産の保持＆安定運用の第一歩になる！

2 「株式投資」の収益率を考える①【配当利回り】 …… 112
- ◆ 株式会社は株主に「配当金」等を払う義務を負う
- ◆ 配当利回りは、株価 or 配当金自体の上下で常に変動する
- ◆ 高配当の会社ほど、〝倒産危機〟に直面しているケースも!?

3 「株式投資」の収益率を考える②【優＋配当利回り】 … 116
- ◆「株主優待」の充実は個人株主を取り込む戦略
- ◆ 不況下、真っ先に取りやめになるケースが続出

4 「株式投資」の収益率を考える③【総合利回り】 ……… 120
- ◆ 株式の収益性はトータルで見てはじめてわかる
- ◆ 配当利回りは小さいが、株価値上がり効果で「総合利回り」がグンと跳ね上がった
- ◆「総合利回り」の問題点

5 「株式投資」の収益率を考える④【株式益利回り】 …… 124
- ◆ 1株当たり年間税引き利益÷株価＝「株式益利回り」
- ◆「イールド・スプレッド」の考え方に基づき、株式投資をするか判断する

6 「投資信託」の収益率を考える①【騰落率】 ……… 128
- ◆「騰落率」は、あくまで過去の実績に過ぎない
- ◆「騰落率」だけで投資判断をするのはキケン
- ◆「騰落率」を活用する際のコツとは？
- ◆「基準価額」の値動きをグラフでチェック！

7 「投資信託」の収益率を考える②【分配率】 ……… 134
- 「公社債型投資信託」は、株式投資などと比べてはるかに安全
- 「分配率」の求め方を見てみよう
- 「分配率」で運用成績が示されるのは、
「MMF」「MRF」「中期国債ファンド」のみ

8 債券の収益率を考える①【表面利率】 ……… 138
- 「利付債」とはどういう債券なのか？

9 債券の収益率を考える②【割引率】 ……… 140
- 「割引債」とはどういう債券なの？
- 「割引率」と「利率」を同一比較するのは間違い
- 一見同じに見えるが、「割引率」と「利率」では利率の方が高くなる

10 債券の収益率を考える③【応募者利回り】 ……… 144
- 債券の条件の見方を見てみよう

11 債券の収益率を考える④【所有期間利回り】 ……… 146
- 債券は「流通市場」でいつでも自由に売買できる
- ｛(利子＋売却益)÷購入価格｝×100＝「所有期間利回り」

12 債券の収益率を考える⑤【最終利回り】 ……… 150
- 債券を流通市場で購入して償還まで持っていた場合の利回り
- 購入価格が額面価格を上回るか下回るかで、
「最終利回り」が大きく変わってくる

13 債券の収益率を考える⑥【直接利回り】 ……… 154
- 毎年受け取る利子が、購入時の債券価格に対して何%なのかを表す

14 「外貨投資」の収益率を考える ……… 156
- FX は外貨の売買益だけでなく、「金利差」でも収益が出る
- 「スワップポイント」を狙う際の注意点
- 「レバレッジ」によって大儲けが可能だが、逆に大損することも！

15 「不動産投資」の収益率を考える①【表面利回り】 ……… 160
- 10%以上ならまず安心と言われるが…
- 「表面利回り」表示の注意点

16 「不動産投資」の収益率を考える②【実質利回り】 ……… 162
- 不動産投資を考えた場合、必ず「実質利回り」ベースで考えよう
- 「実質利回り」をクリアしてもさらに難題が…

17 保険商品の収益率を考える【予定利率】 ……… 164
- 「保険料」は運用収益分を見越した上で、その分が割り引かれた額
- 「予定利率」は高いほど有利
- 「予定利率」を下回る逆ザヤ状態に陥り、破綻に追い込まれる保険会社も！

PART 5
金融機関にカモにされないための「金利計算」基礎知識

1 金利計算の基礎は「単利計算」にあり！ ……… 170
- ◆ 金利計算の基本中の基本。しっかり覚えよう！

2 簡単な応用でできる「複利計算」 ……… 172
- ◆ 運用期間中の利子を元本に組み込み運用する
- ◆「適用利率」や「複利運用期間」に注目しよう

3 「複利計算」と「課税繰延措置」の関係 ……… 176
- ◆「満期時にのみ課税される場合」と「半年ごとに課税される場合」の違いは？
- ◆ 高利＆期間が長くなるほど違いは歴然！課税繰り延べの金融商品はより有利

4 「年平均利回り」の求め方 ……… 180
- ◆ 単利と複利の商品の収益性を比べるのに使う

5 「割引率」と「利率（利回り）」の違いとは？ ……… 182
- ◆ 利率と割引率は別物。単純に比較できない
- ◆ 割引率の収益性を利率表示に直す必要がある

6 「預入期間」に応じた金利の計算方法 ……… 184
- ◆ 預入期間がごく短期の金融商品の利率表示をどう考えるか？

| 7 | 「日歩」「月利」の考え方 ……… 188
  - 「MMF」の収益計算や「質屋」の利息計算で使われる

| 8 | 小数点以下の「切り上げ」「切り下げ」について …… 190
  - 各金融商品はどう表示さているのか?

| 9 | 運用資金が倍になる期間を簡単に計算する方法とは? … 192
  - たとえば年率5%なら、投資資金が倍になるには14.4年(概算)かかる
  - 預貯金金利で老後の暮らしをまかなうなど夢のまた夢

| 10 | 為替の「損益分岐点」の求め方 ……… 196
  - 元本割れしない為替レートを把握し、投資することが大事

| 11 | 「ローン」の金利計算を考えてみよう ……… 198
  - 預貯金金利だけでなく、融資金利にも要注目!
  - 「返済方法」の基本は3つ

| 12 | 「元金均等償還方式」の金利計算方法 ……… 200
  - 「元金均等償還方式」の仕組み&事例

| 13 | 「元利均等償還方式」の金利計算方法 ……… 206
  - 「元利均等償還方式」の仕組み&事例

| 14 | 「アドオン方式」の金利計算方法 ……… 210
  - 「アドオン方式」の仕組み&事例

| 15 | 住宅ローンの「借換え」&「繰上げ返済」について …… 214
  - お得!賢い!「借換え」&「繰上げ返済」プラン

PART6
「金利感覚」を養えば、今後の経済の動きが読めてくる！

1 なぜ、「金利感覚」を養うことが大事なの？ ……… 222
- ◆「どうして、金利のことを学ばなければならないの？」
- ◆ 金利感覚を持てば、賢い資産運用はもちろん、「自己防衛」にもなる！

2 「金利データ」を記録すると「金利感覚」が養える！ ……… 226
- ◆ 毎日ノートに手書きで付けると効果てきめん！

3 「金利データ」は、ここで入手しよう！ ……… 228
- ◆ 新聞の経済欄からの入手が一番の近道
- ◆「原油価格の動向」にも注目すれば、より経済の動きがつかめる

4 国内外の「要人」発言に注意しよう！ ……… 232
- ◆ 発言が何を意味するのか先読みできれば、あなたも立派な経済通！

5 「景気」や「物価」のデータにも注目しよう！ ……… 236
- ◆「消費者物価指数」で今後の経済を読み解く
- ◆「日銀短観」＆「景気動向指数」で今後の経済を読み解く

◎本文図版……………小林みどり
◎本文イラスト…………月山きらら

PART 1

「金利」はこんなに日常生活に関係している！

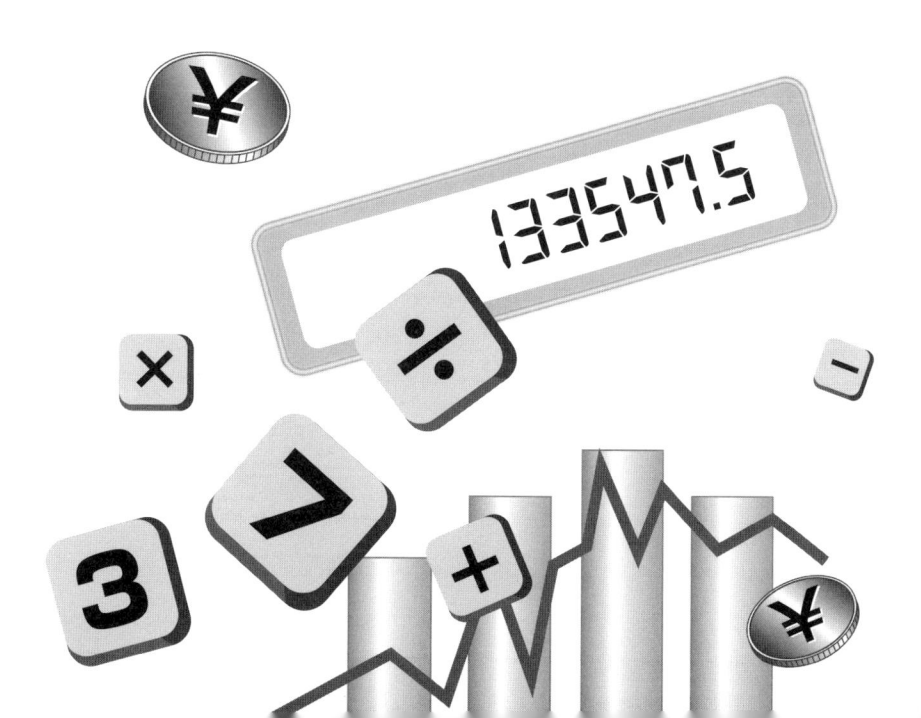

1 いつまで続くの？日本の「超低金利」

> **ポイント**
> 大きなパラダイム転換の時期を迎えている日本経済。1990年代初めのバブル経済崩壊後は、長期にわたって低金利が続いているが、この状態が、今後もまだまだ続くということも……？

⊃ 日本の金利はなぜこんなに低いのだろう？

　日本の「金利」がなかなか上がりません。一体どうしてでしょうか？
　最近で一番金利水準が高かったのは、1990年のこと。同年8月30日の公定歩合は6.00％で、個人に人気の高かった郵便局（現在の「ゆうちょ銀行」）の定額貯金の利率は年6.33％でした。この利率で、仮に100万円を預けて10年間運用すると、税引き前で実に186万4,866円になる計算です。
　しかし今は、ここまで有利な利回りが得られる金融商品はどこにも見あたりません。定額貯金のように、元本と利率が保証されている金融商品の場合、その利率はまさに〝雀の涙〟と言える超低水準です。
　金利が上がらない理由はいろいろと考えられますが、一番根底にあるのは、日本が完全な低成長時代に突入したからだと思います。
　日本経済は、2002年2月から2007年10月までの69カ月間にわたって、「いざなぎ越え」とも言われた長期の景気拡大局面を経験しました。

「基準割引率および基準貸付利率（公定歩合）」の推移

●1970年5月〜

日付	利率	日付	利率
1970.05.15	6.25%	1981.12.11	5.50%
1970.10.28	6.00%	1983.10.22	5.00%
1971.01.20	5.75%	1986.01.30	4.50%
1971.05.08	5.50%	1986.03.10	4.00%
1971.07.28	5.25%	1986.04.21	3.50%
1971.08.10	5.25%	1986.11.01	3.00%
1971.12.29	4.75%	1987.02.23	2.50%
1972.06.24	4.25%	1989.05.31	3.25%
1972.10.02	4.25%	1989.10.11	3.75%
1973.04.02	5.00%	1989.12.25	4.25%
1973.05.30	5.50%	1990.03.20	5.25%
1973.07.02	6.00%	1990.08.30	6.00%
1973.08.29	7.00%	1991.07.01	5.50%
1973.12.22	9.00%	1991.11.14	5.00%
1975.04.16	8.50%	1991.12.30	4.50%
1975.06.07	8.00%	1992.04.01	3.75%
1975.08.13	7.50%	1992.07.27	3.25%
1975.10.24	6.50%	1993.02.04	2.50%
1977.03.12	6.00%	1993.09.21	1.75%
1977.04.19	5.00%	1995.04.14	1.00%
1977.09.05	4.25%	1995.09.08	0.50%
1978.03.16	3.50%	2001.01.04	0.50%
1979.04.17	4.25%	2001.02.13	0.35%
1979.07.24	5.25%	2001.03.01	0.25%
1979.11.02	6.25%	2001.09.19	0.10%
1980.02.19	7.25%	2006.07.14	0.40%
1980.03.19	9.00%	2007.02.21	0.75%
1980.08.20	8.25%	2008.10.31	0.50%
1980.11.06	7.25%	2008.12.19	0.30%
1981.03.18	6.25%		

過去最高：1973.12.22 9.00%／1980.03.19 9.00%
過去最低：2001.09.19 0.10%

●「公定歩合」は2006年8月より「基準割引率および基準貸付利率」に名称が変更された

> 1995年から一気に下がり、現在まで「超低金利」が続いています

PART1.「金利」はこんなに日常生活に関係している！

景気拡大局面としては戦後最長でしたが、この間の実質経済成長率は、年平均2％程度。ちなみに、「いざなぎ景気」（1966～1970年）の時が10％超、80年代後半の「バブル経済」の時が5％超でしたから、いかに低い成長率に終始したかがわかります。
　恐らく、日本全体が「成長している」という実感を持てないまま、いつの間にか「100年に1度」と言われる金融危機に突入してしまったというのが実情でしょう。
　経済が成長しなければ、金利は上がりません。経済が成長しているからこそ、個人消費が活発になり、企業もどんどん設備投資を行います。それが資金需要を高め、金利を押し上げる原動力になります。
　実際、日本が高度経済成長期にあった1973年と1980年には、「公定歩合」（2006年8月より「基準割引率および基準貸付利率」に名称が変更された）はそれぞれ9.00％まで上昇する場面もありました。

● 将来への期待が強いほど金利は上がる？

　では、今の日本経済はどうでしょうか？　少なくとも、ここから再び高度経済成長期に戻るようなことは考えられません。
　日本の総人口は、2005年を機に減少過程に入りました。人口が減るということは、それだけで経済の活力を損なう要因になります。その上、少子高齢社会になっていますから、特に勤労者世帯の社会保障負担がどんどん重くなっていきます。
　可処分所得が減れば、無駄な消費はしなくなります。これも、経済の活力という点ではマイナス要因になります。少なくとも、これまでの日本の高度成長を支えてきた「大量生産・大量消費」時代は、完全に終わりを告げたのだと思います。
　今、身の回りを見ても、欲しいものはほぼ揃っています。かつての

資金需要が高まらなければ「金利」は上がらない！

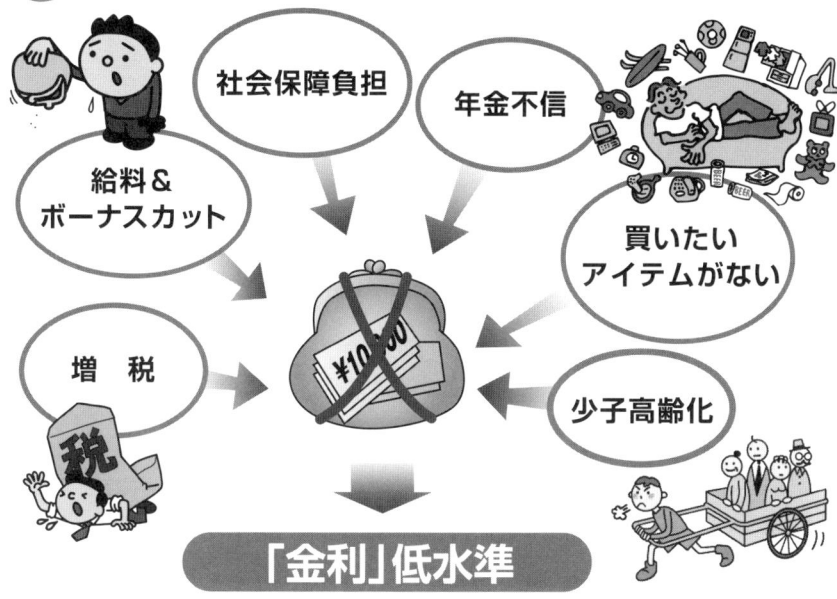

- 給料＆ボーナスカット
- 社会保障負担
- 年金不信
- 買いたいアイテムがない
- 増税
- 少子高齢化

↓

「金利」低水準

　高度経済成長期の「三種の神器」（白黒テレビ、洗濯機、冷蔵庫）のように、全国民的に消費が盛り上がるようなアイテムは見あたりません。

　消費マインドも冷え切っています。そもそも大量消費というのは、将来に対する期待感が強いからこそ可能になるものですが、社会保障負担や年金不信などを背景に、本来消費意欲が旺盛であるはずの若年層も、財布の紐を固くしています。

　その若者たちが社会の中心年齢層になっていった時、日本の消費はさらに落ち込む恐れがあります。日本の実体経済そのものが、大きなパラダイム転換期（枠組みやシステムの転換期）を迎えているのかもしれません。だとしたら、金利についてもかつてのような6％、7％という水準は期待できないと考えるのが妥当です。

　これからは、ある特定の要因（30ページ参照）を除いては、金利上昇が期待できない時代になっていく可能性が高いと思われます。

2 「物価上昇」の要因を整理してみると…

> **ポイント**
> 物価が上がれば、相対的にお金の価値は目減りしていく。物価上昇要因にはいくつかあるが、日本は今後、コストプッシュ型のインフレが強まる可能性大。

➡ 「物価上昇＝金利上昇」、「物価下落＝金利低下」

　前項で説明したように、今の日本が低金利である理由は、経済そのものが低成長期に入ったこともありますが、それに加えて、物価にデフレ圧力がかかり続けたことも、原因の一つに挙げられます。

　「消費者物価指数」の推移を見ると、対前年同月比で、1998年から2001年にかけて大きく落ち込み、その後は徐々に回復基調をたどりましたが、2005年くらいまでは、わずかにプラスになってはまたマイナスになるということの繰り返しでした（25ページの図表参照）。

　対前年同月比でマイナスということは、それだけ前年に比べて物価が下落しているということですから、その状態が数年間にわたって続くのは、立派な（？）デフレ局面です。

　金利を左右する要因はさまざまですが、とりわけ「物価動向」は、金利を動かす要因の中でも、非常に強い影響力を持っています。

　物価が上がるということは、それだけお金の価値が下がるわけですから、お札の発行元である日本銀行は、なるべくその価値を下げない

「物価上昇」の要因とは？

売上アップ

国内景気好転 → 個人消費上昇、設備投資意欲の向上 → 国内需要の高まり → 原材料価格の上昇 → 製造コスト上昇 → 国内物価の上昇

新興国の経済発展 → 原油高、食糧価格の上昇 → 原材料価格の上昇

円安 → 原油高、食糧価格の上昇、輸入品の価格上昇 → 国内物価の上昇

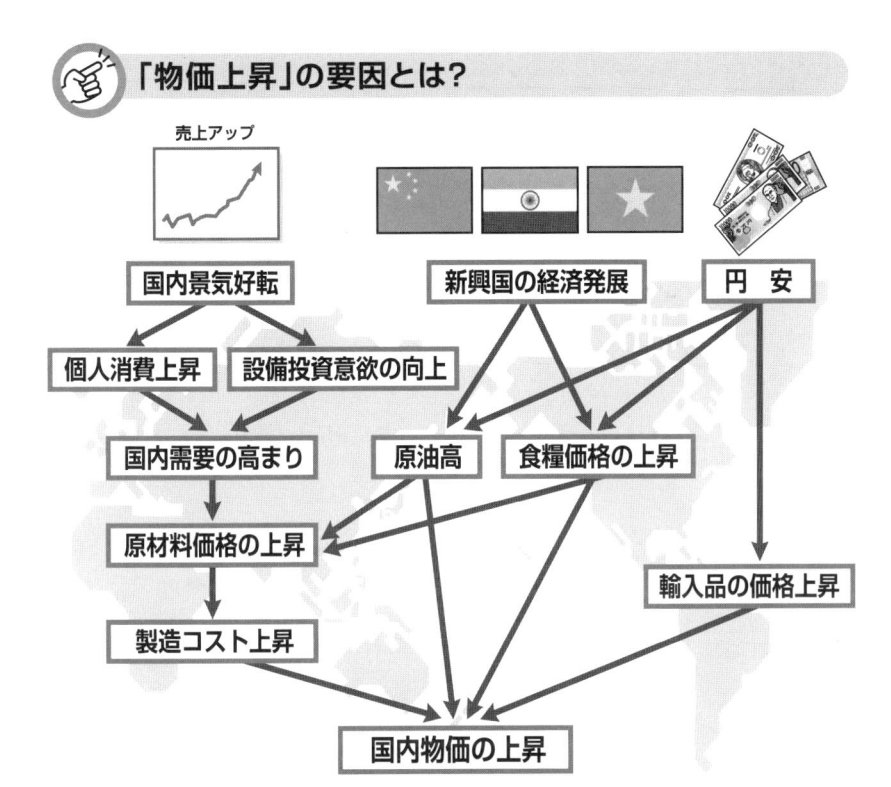

ようにするため、金利を引き上げます。そうすれば、モノから金融商品へとお金の流れが変わるため、物価の上昇圧力が徐々に後退しやすくなります。

つまり、「物価上昇＝金利上昇」、「物価下落＝金利低下」というのが、従来の経済における〝金利の常識〟だったのです。

➡ 物価が上がる３つの要因とは？

さて、物価が上昇する要因としては、主に次の３つが考えられます。
●「国内需要」の高まり
　日本国内の景気がよくなれば、徐々にモノに対する需要が高まってきます。個人は「少し贅沢しよう」などと考えるようになるでしょう

し、企業は、そうした個人の消費マインドを先読みしながら、モノの生産を増やしていきます。

　モノを作るには、さまざまな原材料が必要になりますから、その需要が高まれば、原材料の価格も上がっていきます。もちろん、商品段階でも消費者がどんどん買ってくれれば、強気の値付けになり、小売価格も上がっていきます。

　このように、需要の高まりによって物価に上昇圧力がかかることを、「デマンド・プル型インフレ」（Demand→需要、Pull→牽引する）と言います。

●「コスト上昇」によるもの

　日本の製造業がモノを作る場合、原材料の多くは、海外から輸入することになります。しかも、機械を動かすためのエネルギー源も、多くは海外からの輸入に頼っています。

　したがって、原油価格などが上昇したり、あるいは原材料価格が高騰すると、同じモノを作るにしても、製造コストがどんどん上がっていきます。

　そして、製造コストの上昇を吸収しきれなくなると、モノの小売価格に転嫁され、消費者が購入する段階におけるモノの値段に反映されていきます。この手のインフレを「コスト・プッシュ型インフレ」（Cost→コスト、Push→押し上げる）と言います。

●「円安」によるもの

　一般的には、「輸入インフレ」などと言います。

　日本は、原材料やエネルギーの大半を海外から輸入していることについては前述したとおりですが、こうしたモノの輸出入にかかる費用は、円ではなく米ドルで決済するのが一般的です。

　海外から１万ドルの原材料を輸入したとしましょう。この時の為替レートは、１ドル＝100円と仮定します。ということは、円建ての価

「消費者物価指数（全国）」の対前年同月比

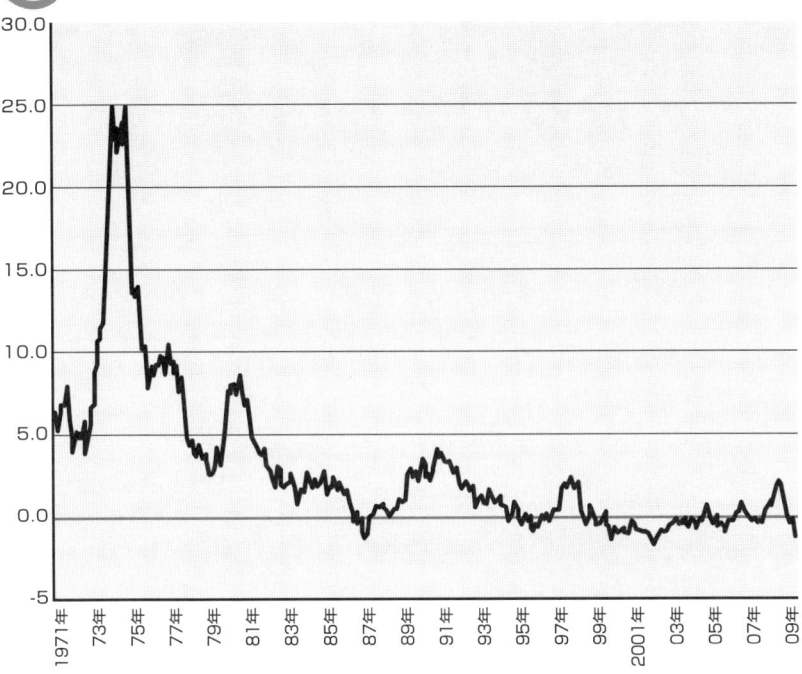

格は100万円です。ところが、1ドル＝120円まで円安が進んだらどうなるでしょうか？　そう、円建ての原材料の価格が、120万円に値上がりしてしまうのです。

　もちろん、それがすぐに小売価格に反映されるようなことはありませんが、あまりにも急激かつ大幅に円安が進めば、メーカーや流通段階で吸収しきれなくなり、小売価格へと徐々に跳ね返ってきます。

　長年にわたってデフレ局面が続いた日本経済ですが、パラダイムが大きく変わりつつある中で、物価上昇要因にも変化が見られるようになってきました。

　デマンド・プル型よりもコスト・プッシュ型、あるいは円安を要因としたインフレが進む可能性が高まっているのです。金利と付き合っていく上で、この点はしっかり押えておく必要があります。

3 預貯金ではインフレリスクをヘッジできない？

> **ポイント**
>
> 国内の景気が低迷する中で、物価が上がる「スタグフレーション」。これが現実となり、深刻化した時、日本の金利が上昇するのかどうか……？ 上昇しなければ、インフレリスクが高まる。

● 物価の上昇よりも金利が高ければいいが…

「預貯金をしていれば、十分インフレリスクをヘッジすることができる」などと言う人がいますが、本当でしょうか？

確かに金利というものは、将来の物価上昇率を加味して、お金の価値が目減りしないように決定されますから、物価上昇率に比べて、多少高めの水準に設定されます。

その意味では、「預貯金でも十分インフレリスクをヘッジすることができる」という見方は、間違っていません。

ただ、これもパラダイムが大きく転換する中で、一概には言えなくなってきていると思います。

「国内景気が好調で、物価が上昇する」という文脈の中でのインフレであれば、国内の金利を引き上げることで、過熱気味の景気にブレーキをかけ、物価を安定させるという手法を用いることができます。

では、以下のような事例ではどうでしょうか？

「消費者物価指数」と「定期預金利率」の推移

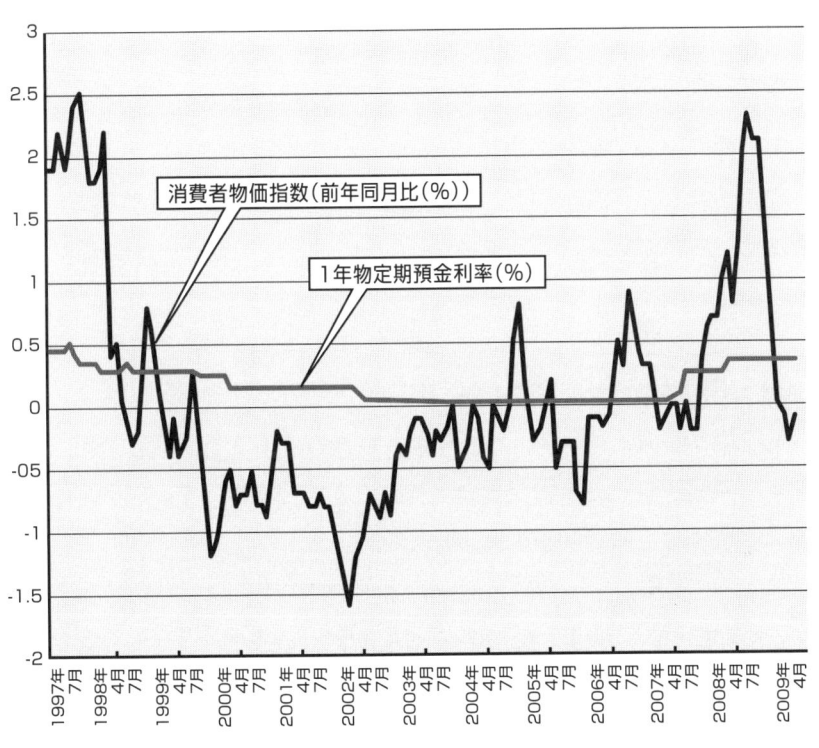

消費者物価指数（前年同月比(%)）

1年物定期預金利率(%)

物価が上昇 or 下落している間、定期預金利率はほぼ横ばい

PART1.「金利」はこんなに日常生活に関係している！

「国内の景気は非常に低迷している。しかし、中国やインドなど新興国でのエネルギー需要が旺盛で、原油価格がどんどん上昇し、物価水準が上がっている」——。

このような文脈の中で発生したインフレに対して、国内の金利を引き上げるだけで対応できるでしょうか？

実は、上記のケースは、2008年7月にかけて実際に起こったことです。当時、金融不安による世界的な景気後退の影響を受け、日本の景気は落ち込み始めていました。

ところが、2008年7月にかけて原油価格が急騰し、代表的な油種である「WTI（ウエスト・テキサス・インターミディエイト）」の価格は、1バレル＝147ドルまで急上昇したのです。

原油価格がどんどん上昇する過程で、国内ではいろいろなモノの値段が上昇していきました。

その結果、2008年7月と8月の消費者物価指数は、対前年同月比で2.4％も上昇しました。つまり、1年間で2.4％も物価が上がったことになります（前ページの図表参照）。

◯ 物価の上昇に金利がついていけない！

では、2007年7月時点の1年物定期預金の利率は、何％だったのでしょうか？

これは、各銀行によって多少差がありますが、だいたい0.3％前後です。ということは、手持ち資産を2007年7月にスーパー定期に預けて1年間運用した場合、物価上昇に完全に負けているのです。

1年間で物価が2.4％も上昇したのに、1年物スーパー定期で運用して得られた利息が0.3％では、資産価値が2.1％も目減りしたことになります。

国内経済の実態と物価上昇圧力の中で、今後も日本の金利は、「引き上げたくても引き上げられない」という苦しい状況に追い込まれる恐れがあります。

　一方、中国やインドのような新興国は、経済がさらに大きく発展していくでしょう。

　中国で約13億5000万人、インドで約12億人（ともに2008年現在で、中国が世界一、インドが世界第2位）もの人口を抱え、それが経済発展に向けて走り始めたら、資源・エネルギーや食糧など、いろいろなところでモノ不足が深刻化します。

　2008年7月にかけて急騰した原油価格の再現です。間違いなく、世界的にインフレ圧力が強まってくると思われます。

⊃ 日本は金利を上げたくても上げられないジレンマに陥る!?

　ところが、日本国内では少子高齢社会、人口減少社会によって経済の活力は低迷し、経済成長はほんのわずか。

　このような状況下では、金利を上げていくことなど不可能な話です。金利を大幅に引き上げた瞬間、国内景気は一気に腰折れしてしまうでしょう。

　つまり、外部要因によってインフレ懸念が高まっても、国内景気に配慮すると、なかなか利上げに踏み切れないという状態に追い込まれる恐れがあるのです。

　金利が上がらなければ、当然、預貯金の利率も上がりません。結果、「預貯金ではインフレリスクをヘッジできない」ということが現実となるのです。

4 もしも「金利」が急騰するとしたら…

> **ポイント**
> 深刻化する日本政府の財政赤字。国債を買ってくれる投資家がいなくなった時、日本の金利は急騰する。だがそれは、決して望ましいとは言えない金利上昇だ。

◯ 世界的な資金不足による貸手強気の金利上昇！

　日本経済は、「高齢化社会」「成熟社会」、そして「低成長社会」へと、大きなパラダイム転換の渦中にあります。人口減によって経済の活力は低下し、かつてのような高度成長は期待できません。

　では、日本の金利水準は、もう二度と大きく上昇することはないのでしょうか？

　実は、一つだけあります。ただし、これが現実的に起こってしまうと、日本経済は大きなダメージを受けることになります。

　今の日本の経済力からすると、金利がどんどん上昇していく要素は見あたりません。つまり、今の超低金利は相当長引くと思われます。

　ただ、唯一大幅な金利上昇要因があるとしたら、それは日本の財政事情と大きく関わってきます。

　2009年4月以降、日本だけでなく、世界的に長期金利の水準が上昇し始めました。理由は「景気対策」です。

　日本は言わずもがな、今回の世界同時不況の種を蒔いた米国にして

「景気対策」と「長期金利」の上昇

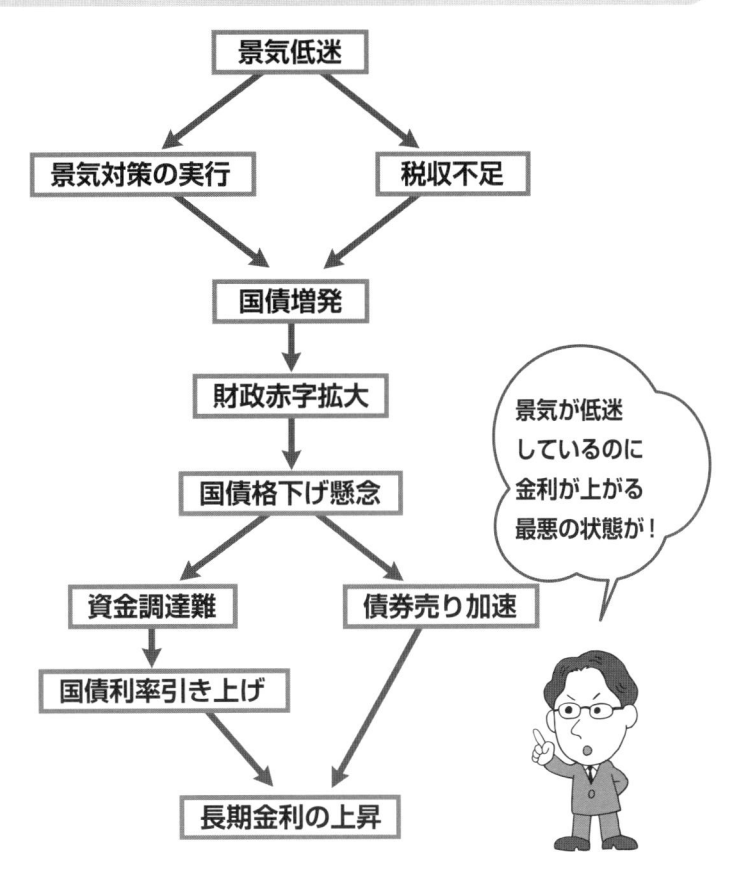

```
景気低迷
 ↓        ↓
景気対策の実行   税収不足
 ↓        ↓
  国債増発
   ↓
  財政赤字拡大
   ↓
  国債格下げ懸念
   ↓      ↓
資金調達難   債券売り加速
   ↓
国債利率引き上げ
   ↓      ↓
   長期金利の上昇
```

> 景気が低迷しているのに金利が上がる最悪の状態が！

も、また、東欧・ロシアへの積極的な投融資が焦げ付き、金融不安に追い込まれているユーロ経済圏にしても、この不況から何とか脱出しようと、大型の経済対策を打ち出しました。

　景気対策というのは「政府から民間に資金を流すことによって、景気回復の糸口を作る」のが一番の狙いです。

　多くは、税収の一部を用いて公共事業などを行いますが、景気が悪い時は税収も不足気味です。

　そこで、景気対策に必要な資金は国債を発行することで、市場から調達してきます。ただ、国債を発行したからといって、簡単に資金が

調達できるわけではありません。

　米国、イギリス、ユーロ圏、そして日本も、資金を調達する必要があるということになれば、今度は逆に、資金不足に転じてきます。各国が大型の景気対策を打ち出し、その景気対策に必要な資金をかき集めようとするのですから、世界中の金融市場で資金不足が生じます。「お金が足りない」ということになった時、お金を借りる側と貸す側とでは、どちらが強い立場になるでしょうか？

　お金を借りたいのに肝心のお金が足りないのですから、貸す側は、借りる側の足元を見るようになります。「もう少し高い金利を払ってくれるなら、お金を貸してもいいですよ！」となるわけです。

　つまり、資金が不足している場面で立場が強いのは「お金を貸す側」であり、金利は、お金を貸す側に有利なように上昇傾向をたどっていきます。

　現在、世界の債券市場で起こっている長期金利の上昇は、以上のようなメカニズムによって生じているのです。

➲「最悪シナリオの下での金利上昇」がだんだんと現実味を帯びている…

　そして、これと同じようなことが低成長の日本で起こった時、日本の金利水準は大きく上昇します。

　日本の財政事情が一段と悪化し、より高い金利を示さないと誰も日本国債を買わないという事態に陥ったとしたら、日本の金利水準はたとえ景気が悪かったとしても、一気に上昇してしまうでしょう。これは、「最悪シナリオの下での金利上昇」です。

　預金者からすれば、利子収入が増えるのですから金利上昇は望ましいと思うかもしれません。しかし、このような流れの中で長期金利が上昇し始めたら、景気は完全に底割れしてしまうでしょう。

日本と米国の「長期金利」の推移

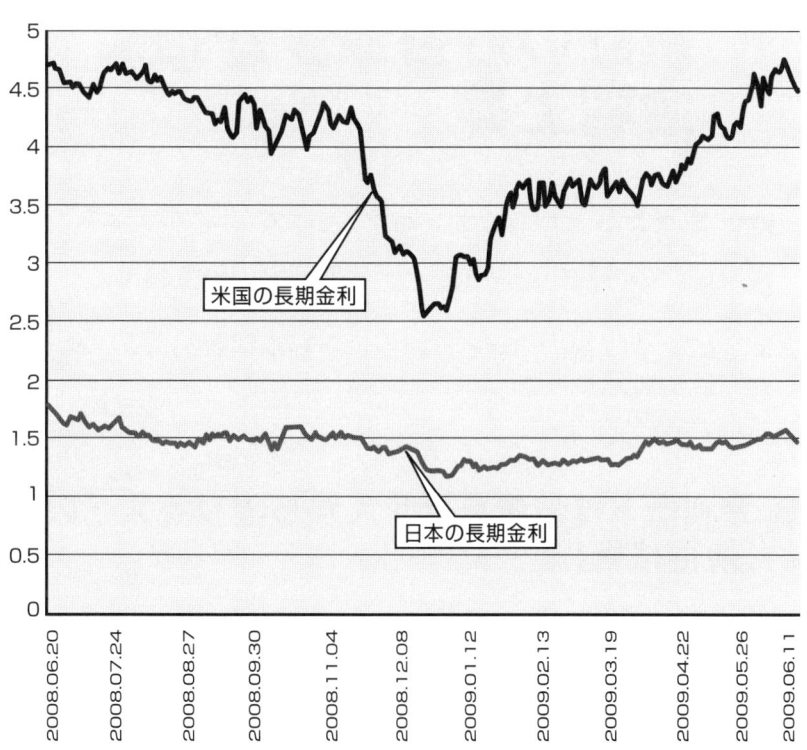

(グラフ：米国の長期金利、日本の長期金利、2008.06.20〜2009.06.11)

　景気の底割れだけですめばいいのですが、いよいよ日本国債を購入する投資家がいなくなったら、日本という国そのものの資金繰りが滞ってしまいます。そうなってしまった時、私たちの生活にどのような影響が及ぶのかは、正直なところ、実際にそうなってみないとわからない部分があります。ただ、それ相当の影響は、私たちの生活にも及んでくるのは確実でしょう。

　なお、上図は日米の長期金利の推移を示したものですが、両者とも、2008年12月にかけて低下傾向をたどっています。しかし、その後は上昇に転じています。中でも、米国の長期金利が大きく跳ね上がっていることがわかります。

5 家計の貯蓄減少が招く金利上昇

> **ポイント**
> 家計部門の貯蓄が減少すると、政府部門の資金調達に支障をきたすことになる。それでも資金調達を進めるには、金利を引き上げるしかなく、望ましくない形での金利上昇が起こる恐れが……。

● 金利低下はお金を貸す人から借りる人への「所得移転」だ！

　低金利が長引くと、誰が一番得をし、誰が一番損をするでしょうか？　まず、損をするのは、銀行に預金をしている人たちです。

　日本が高度経済成長で金利水準が高かった頃は、「利息で生活する」というのがお金持ちの一般的な姿でした。仮に、預金利率が6％あれば、1億円を預けて年間600万円の利息を受け取ることができます。贅沢をしなければ、十分に食べていける収入です。

　でも、2009年6月現在、1年物定期預金の利率は0.3％。1億円を預けても、年間の利息は30万円にしかなりません。これでは、贅沢をしなくても利息で生活するのは不可能です。

　では、一番得をするのは誰でしょうか？　もう説明するまでもないと思いますが、お金を借りる側の人たちです。

　これまで高い金利を払わなければならなかったのが、低利によって負担が減るのですから……。つまり、金利低下というのは、貯蓄をす

家計から政府部門への「所得移転」の様子

貯蓄超過 家計部門 → **資金不足** 政府部門

所得移転

- 金利収入減少　金利低下　金利負担軽減
- 税負担増　　　増　税　　税収増

> 今までは、「金利低下」や「増税」で家計から資金を吸い上げることができたが、今後は……？

る人から借金をする人への「所得移転」と見ることができるのです。

　90年代に入り、日本のバブル経済が崩壊してからは、金利はどんどん下がっていきました。この間、どのような「所得移転」が起こったのでしょうか？

　日銀の資金循環勘定によると、91年時点では、家計部門が大幅な貯蓄超過。金融部門や家計部門以外の国内非金融部門が、資金不足の状態でした。

　したがって、金利低下は、家計部門から、金融部門や家計部門以外の国内非金融部門への「所得移転」と考えることができます。

つまり、個人は、本来預貯金から得られたはずの利息収入が減る一方で、借金体質だった金融機関、金融機関以外の法人、政府などは、金利負担がどんどん軽くなっていきました。

　特に銀行は、不良債権問題で苦しんでいましたから、金利低下は、経営を立て直すための原動力になったのです。

　また、日本は先進国の中でも、最も財政赤字が深刻な国と言われています。財政赤字は国債発行などによって賄われています。つまり、金利低下は、個人から政府への「所得移転」と考えることもできます。

　最近、消費税アップの話がニュースなどでよく取り上げられています。この「増税」も、個人の所得から政府部門に所得を移転させる一手段ですが、実は金利低下も増税と同じように、貯蓄超過の家計部門から、借金漬けの政府部門に所得を移転させるための一手段なのです。

　ただ、このような「所得移転」を今後も続けられるかというと、それは疑問です。というのも、家計部門の貯蓄超過を支えているのは、いわゆる高齢者だからです。

　現在、1,500兆円ほどある個人金融資産のうち、約6割は60歳以上の高齢者に遍在しています。

　今後、年金財政が苦しくなる中で、貯蓄を持っていた高齢者は、その取り崩しを始めるでしょう。

　また、若い人たちも、かつてのように会社に勤め続ければ給料がどんどん上がるという状態ではありませんから、月々の給料から貯蓄に回せる額が減っていきます。

　こうして、いずれは米国の家計部門と同じように借金体質になる恐れがあるのです。

　そうなったら、政府部門は家計部門から「所得移転」をしたくてもできない状態になります。財政赤字を埋め合わせるための国債を発行しても、資金調達がうまくいかなくなってしまうのです。

⇨ 民間企業の資金調達に支障をきたす「クラウディング・アウト」とは？

　そうなると、やはり望ましくない形での金利上昇が起こることになります。

　国債発行による円滑な資金調達が支障をきたし、政府はそれでも何とか財政赤字をファイナンスしようとするため、国債の利率を引き上げようとするからです。

　これが、今度は民間企業の資金調達に支障をきたすことになります。国が元利金の支払いを保証している国債に比べて、民間企業が発行している社債は、信用力という点で劣後します。

　すると、債券に投資して資金を運用する側は、少しでも信用力の高い国債を買おうとするため、企業が社債を発行しても、資金調達が思うようにできなくなってしまうのです。

　結果、企業はどんどん社債の利率を引き上げるようになり、それが企業の資金調達コストを重くします。

　このように、国債の資金調達の不調によって、民間企業の資金調達に支障をきたすことを「クラウディング・アウト」と言います。

　今はまだ、家計部門の貯蓄超過によって政府部門の借金を賄える状態ですから、クラウディング・アウトにはならずにすんでいますが、やがて家計部門から貯蓄が流出すると、クラウディング・アウトの問題が現実化してきます。資金調達コストは上がり、企業の業績は悪化します。もちろん、景気も冷え込んでしまいます。

　しかもクラウディング・アウトは、景気が低迷している中でも起こりうるので、「不況下の金利高」という、今まででは考えられない事態が生じるかもしれません。その意味でも、金利上昇を手放しでは喜べないのです。

6 「高金利通貨」投資のワナ

> **ポイント**
> 高金利は信用力低下の証。高金利通貨への投資は、信用力だけでなく、流動性も含めてリスクが高いということを重々、承知した上で行う必要がある。

◯「高金利」だけで判断するのは愚の骨頂！

「少しでも多くの利息収入が欲しい」──。

これだけ低金利の状態が続くと、多くの人はこう思うでしょう。特に日本のように、「貯蓄指向」が強い国民性の元では、その傾向が一段と強まります。

このような「貯蓄指向」の強い人たちは、自然と海外の高金利商品に目が向くようになります。確かに、海外には日本に比べて金利水準の高い金融商品が数多くあります。

たとえば、「トルコ・リラ建て」の外国債券。

満期まで5年間の債券の利率は、2009年6月現在で、9％を超えています。日本の金融商品で言えば、5年物定期預金の利率はわずか1％ですから、高金利通貨の債券が人気を集めるのもうなずけます。

でも、ここには大きな〝落とし穴〟があるのです。

多くの人は、トルコ・リラ建ての債券が年9％の利率で、日本の定期預金利率が年1％だとすると、「9％－1％＝8％」の金利差が得

られると考えるでしょう。でも、これは大きな間違いなのです。
　外貨預金や外国債券に投資した場合、どうしても切り離せないのが、「為替変動」の問題です。
　いくら８％の金利差があったとしても、「トルコ・リラ建て債券」の満期時に為替レートが円高に進んでしまったら、８％程度の金利差など、簡単に吹き飛んでしまうのです。

●「為替変動」で金利差は簡単に吹っ飛ぶ

　事実、「金利差は、為替レートの変動によって調整される」というのが、外国為替市場の常識です。
　これは「フォワード・レート（先物予約相場）」と言って、通貨の先渡しレートを見れば一目瞭然です。
　たとえば今、円を売ってトルコ・リラを買い、１年後にトルコ・リラを売って円に替える際の為替レートを、現時点で決めるとしましょう。この場合、１年後の為替レートは、必ず金利差に相当する分だけ円高水準で決まります。
　金利が高い国は、それだけインフレが進んでいるので、通貨の価値は下がります。
　したがって、円よりも金利の高い国の通貨で運用したとしても、通貨価値が目減りする分だけ、将来、再び円に戻した時に、円の手取り額が目減りしてしまうのです。
　もちろん、為替レートは世界各国の金利差だけで動くものではありませんので、他の要因によって、たまたま為替差益が得られるということもありえます。
　でも、それは本当に〝たまたま〟の話であって、経済合理性の観点から、「高金利通貨の価値は減価する」と考えるのが妥当です。

国内金利1％、海外金利5％の場合の先物レート

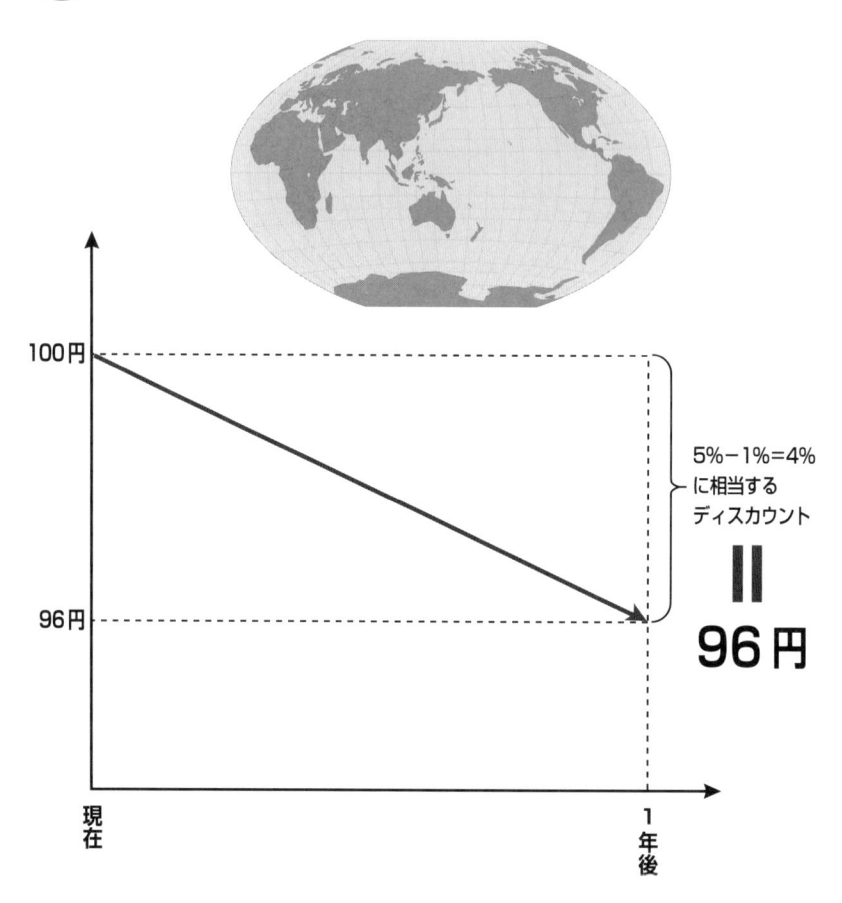

100円

96円

5％−1％＝4％
に相当する
ディスカウント

＝
96円

現在　　　1年後

たとえ海外金利が高くても、安易に投資するのは禁物！

➡ 他にもまだある！
「高金利通貨」投資の落とし穴

　高金利通貨には、他にもいろいろな〝落とし穴〟があります。

　まず、「流動性」の問題。トルコ・リラや南アフリカ・ランドといった高金利通貨は、外国為替市場での取引が極端に少ないため、ちょっと大きな額の売り買いが発生すると、それだけで為替レートが乱高下してしまいます。

　「買い」があっても「売り」がなければ、どんどん上がっていきますし、「売り」があっても「買い」がなければ、どんどん下がっていきます。つまり、金利差が得られるとしても、その裏には、大きな為替変動リスクが潜んでいるのです。

　また、「金利が高い」ということは、それだけ「信用力が低い」ということでもあります。

　この点については前項で説明したとおりですが、信用力が低いと、それだけ資金を集めるのに「リスク・プレミアム」と言って、金利の上乗せをしなければなりません。

　もちろん、その金利をきちんと払い続けてくれて、かつ、満期を迎えた時に元本も返済してくれれば問題ないのですが、元利金の支払いが滞ってしまうケースもあります。このように、元利金の支払いが滞ることを「デフォルト」と言います。

　事実、2001年には、南米のアルゼンチンが発行している国債に「デフォルト」が生じ、これを購入していた日本人投資家が、大きな損失を被りました。

　完全に紙切れになったわけではありませんが、当初の金利支払いが困難ということで、利率が大幅に引き下げられ、しかも償還までの期間が30年間延長されたのです。

要するに、「30年かけて元本の返済は何とかしますが、金利はほとんど支払えませんよ」と宣言してきたわけです。
　この条件をやむなくのんだ日本人も多かったようですが、これは、アルゼンチン国債の購入に回したお金が、〝死に金〟になったのも同然です。
　近年、日本の低金利が長期化していることから、日本人が積極的に海外投資を行う傾向が見られます。
　もちろん、外貨を保有することは、将来のインフレリスクに対する備えにもなりますし、より成長期待の高い国に投資することで、資産を効率よく増やすことも可能です。
　しかし、高金利通貨への投資は、常にリスクと背中合わせであることをよくよく理解する必要があります。

→ PART 2

「金利」の決まり方を理解しよう

1 そもそも「金利」って、何だ？

> **ポイント**
>
> 「金利」「利率」「利子」「利息」など、金利にはいろいろな言い方があるが、厳密に言えばそれぞれ異なり、使い分けが必要になってくる。その意味を、しっかり把握しておくことが大切。

⊃ 「金利＆利率」は元本に対する割合（％）のこと

「金利」とは、一体何なのでしょうか？

簡単に言うと、「金利」とは、「お金の貸し借りを行う際の費用」みたいなものです。お金を貸す側からすれば、自分の大事なお金を他人に貸すわけですから、いくら何でも〝ただ〟というわけにはいきません。

やはり貸す以上は、それに見合った費用を借りる側からもらうことになります。

この「金利」ですが、「金利」「利率」「利子」あるいは「利息」と、これだけの種類があります。混同して使っている方も多いと思いますが、厳密に言うと、これらは意味が違います。

基本的に「金利と利率」が同じグループ、「利子と利息」が同じグループと考えてください。

教科書的に言うと、お金の貸借を行う際に適用される貸借率のことを「金利あるいは利率」と言います。これは、元本に対する割合なの

それぞれの言葉の意味を理解しよう

金利	→ マクロ経済学的な観点からの表現	} お金の貸借率(％)
利率	→ 金融商品の収益率を表す表現	

利子	→ 債券の収益率を表す表現	} 元本に対する金利の金額(円)
利息	→ 預貯金の収益率を表す表現	

で、「パーセンテージ（％）」で表示されます。

　これに対して「利子あるいは利息」は、元本に対する金利の金額のことで、日本円ならば円で表示されます。たとえば、「100万円を年５％の『金利』で運用した場合に得られる『利息』は５万円」というようになります。

　では、「金利」と「利率」の違いは何でしょうか？

　基本的には、両者とも同じ意味ですが、表現の仕方に違いがあります。「金利」という場合は、長期金利、短期金利、内外金利差というように、マクロ的な観点から表現する際に用いられます。

　たとえば、「日本の長期金利が上昇傾向をたどっている」と言っても、「日本の長期利率が上昇傾向をたどっている」とは言いません。

　これに対して「利率」は、「この債券の表面利率は……」「１年物定期預金の利率が……」というように、主に金融商品の収益率を表示する際に用いられます。「債券の表面金利」などとは言いません。

● 「利子＆利息」は元本に対する金額のこと

　一方、「利子」と「利息」は、前述したように金額ベースで表示されます。要は「元本（円）×金利・利率（％）＝利子・利息（円）」となります。

　「利子」と「利息」の違いも金利と利率の違いと同じく、意味するところは同じで、表現上の問題に過ぎません。

　両者の違いについて明確な線引きはありませんが、私の経験上では、債券については「利子」、預貯金については「利息」という言葉が用いられるのが一般的です。とはいえ、「利子」と「利息」については、それほど厳密に使い分ける必要はないでしょう。

　上記の違いさえ理解しておけば、言葉の使い方で人前で恥をかくことはないと思います。

それぞれの正式な使い分けを見てみよう

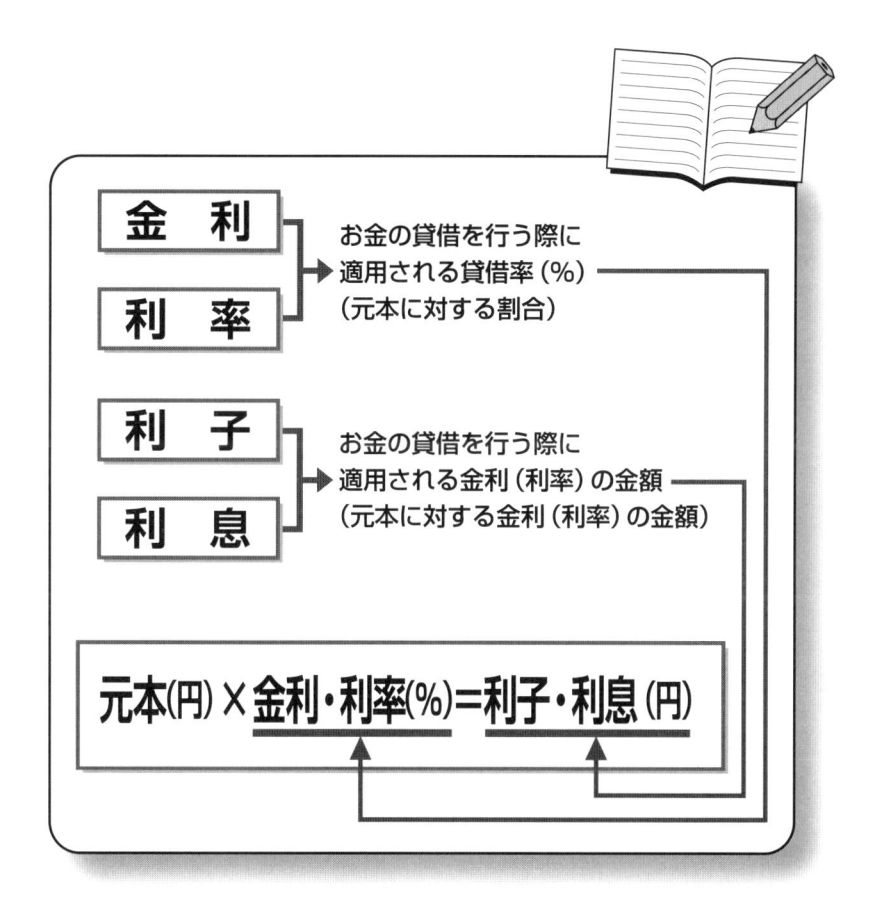

| 金利 |
| 利率 |

→ お金の貸借を行う際に適用される貸借率(%)
（元本に対する割合）

| 利子 |
| 利息 |

→ お金の貸借を行う際に適用される金利（利率）の金額
（元本に対する金利（利率）の金額）

$$元本(円) × 金利・利率(\%) = 利子・利息(円)$$

わかりましたか？

2 「金利」を動かすのは、お金の需給バランス

> **ポイント**
>
> 「金利」は、お金を貸して運用したい人と、お金を借りたい人のどちらが多く、どちらが少ないかという「需給バランス」によって常に変動している。

● 借り手が多く、貸し手が少なければ金利は上がる

「金利」は、常に変動しています。かつて「規制金利」(86ページ参照)だった頃は、日銀が決めた「公定歩合」(現在は「基準割引率および基準貸付利率」に名称が変更)を基準にして、すべての金利が体系的に決まっていきました。

しかし、1980年代から金利の自由化が進み、今では「自由金利」になっています。自由金利の下では、お金の「需給バランス」によって、金利が変動する仕組みになっています。

お金の「需給バランス」とは、簡単に言えば、お金を借りる人が多いのか、それとも貸す人が多いのかということです。

仮に、お金を借りたい人の数が、お金を貸したい人の数を上回ったとしましょう。マーケットのメカニズムは、常に少数派に有利なようにすべての条件が決まるという特性を持っています。

したがって、このケースだと、お金を貸したい人の方が少数派になりますから、こちらに有利な条件で金利が決まっていきます。つまり、

需給関係は「少数派」に有利な条件で決まる

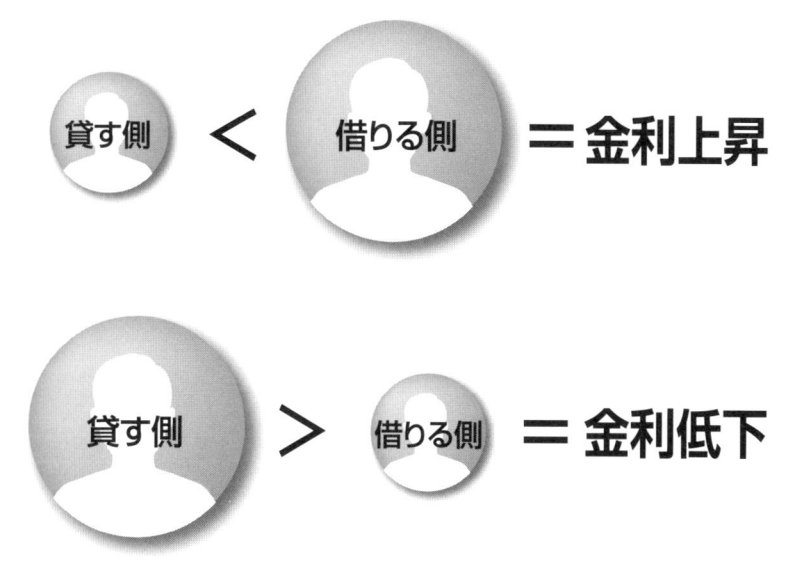

貸す側 < 借りる側 ＝ 金利上昇

貸す側 > 借りる側 ＝ 金利低下

金利は上昇傾向をたどります。

　別の観点から考えてみましょう。あなたは今、お金をたくさん持っていて、これを何かの形で運用したいと思っているとします。そこに、大勢の人が「お金を貸してくれ！」と集まってきました。

　当然、条件を交渉することになりますが、あなたならどうしますか？借りてくれる人はたくさんいますから、自分にとって有利なように、どんどん金利を引き上げていくでしょう。

　逆に、お金を借りる側からすれば、多少自分にとって不利な条件（つまり金利高）になったとしても、とにかく今お金を借りたいので、条件をのむことになるはずです。そのため、「いくら何でも、そこまで金利を引き上げられたら、借りられないよ」という水準に達するまで、金利は上昇傾向をたどっていくのです。

　一方、お金を貸したい人が、お金を借りたい人の数を上回っている状況下では、前述した例とは逆に、金利はどんどん低下していきます。

お金を借りる側からすれば、自分にとって有利なように「もっと金利が低かったら借りてあげてもいいんだけど…」とダダをこねたとしても、次々にお金を貸したい人が現れるのですから、金利はどんどん低下していきます（これがいわゆる「金余り」と言われる状態）。

⊕ 規則性がある「金利体系」

以上のように、自由金利の下では、さまざまな金融商品、あるいは貸出に適用される金利は、原則、お金の「需給バランス」によって自由に決められます。

しかし、てんでバラバラに金利が決まるわけではなく、そこには一定の規則性が見られます。この規則性を「金利体系」と言います。

●預金利率は貸出金利よりも低い

銀行は、預金を通じて資金を集め、それを企業などへの貸し出しに回すのですから、預金の利率が貸出金利を上回るような状態になったら、いわゆる「逆ザヤ」になり、損失を被ることになります。したがって、常に預金の利率は、貸出金利よりも低い水準で決まります。

●短期金利に比べて長期金利の方が高い

期間が長い金融取引の方が、その間に不測の事態に追い込まれるリスクが高くなりますから、このリスクを加味すると、短期金利に比べて長期金利の方が高くなる傾向が見られるのです。

ただし、これには例外があって、時どき、短期金利が長期金利を上回ることがあります。これを「逆イールド現象」と言います。

これは、金利低下局面において起こりやすい現象です。将来、金利の低下が予想されるとしたら、お金の借り手、貸し手は、どのような行動をとろうとするでしょうか？

まず、お金を借りる側は、将来、金利低下が予想されるのだから、

規則性がある「金利体系」

| 預金金利 | < | 貸出金利 |

| 長期金利 | > | 短期金利 |

いくつかの例外あり

　少しでも借入期間の短い資金で借り入れようとするでしょう。その方が、金利の低下に伴って、段階的に資金調達コストを下げることができるからです。そのため、短期資金の資金調達圧力が強まり、短期金利は上昇しやすくなります。

　一方、お金を貸す側からすれば、少しでも長期の融資を行おうとするはずです。その方が、現在の高い金利で、長期間にわたって貸し付けておけるからです。

　仮に、金利水準が低下したとしても、高金利が持続します。そのため貸す側はどんどん取引期間を長期化していくため、資金の需給面からすると、長期金利は低下しやすくなるのです。こうして「逆イールド現象」が生じるのです。

　以上のような例外があるにしても、基本的に金利には、見えない規則性があります。これは、金利を見る上でしっかり押さえておきたいところです。

3 「短期金融市場」とは？

> **ポイント**
> 「短期金利」は貸借の期間が1年未満の取引に適用され、「短期金融市場」で取引される。この短期金融市場は「インターバンク市場」と「オープン市場」に分かれる。

●「インターバンク市場」について見てみよう

　金融市場とは、「資金を融通するマーケット」のことです。

　つまり、お金を持っている人は、手持ちの資金を誰かに貸して運用しようとします。逆にお金が足りない人は、どこからかお金を借りてきて、事業に投資したり、個人であれば住宅資金にしたりします。

　このように、「資金余剰」の人と「資金不足」の人とが、資金の融通をし合うマーケットが金融市場なのです。

　金融取引には、こうした資金を融通する期間に応じて、「短期金融市場」と「長期金融市場」とに分かれます。

　まずは、「短期金融市場」について見ていきましょう。短期金融市場とは、貸借の期間が1年未満の金融取引が行われるマーケットのことで、「インターバンク市場（銀行間市場）」と「オープン市場」とに分かれています。

　「インターバンク市場」は、その名のとおり銀行（金融機関）のみが取引に参加でき、ここでは主に、「コール」と呼ばれる金融取引が行

「短期金融市場」の仕組み

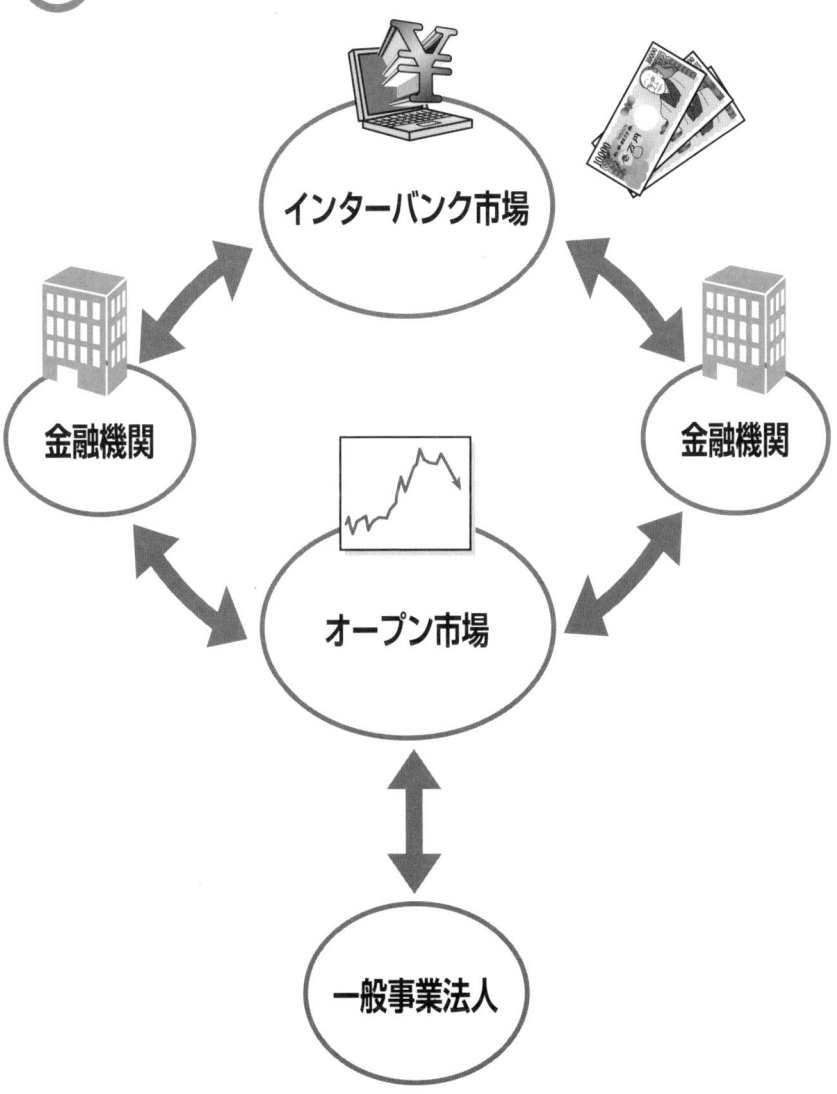

- インターバンク市場
- 金融機関
- 金融機関
- オープン市場
- 一般事業法人

われています。コールとは、「呼べば戻ってくる」という意味。つまり、それほど期間の短い金融取引が行われています。

これにはいくつかの期間がありますが、最も取引されているのは、「無担保コール翌日物」と呼ばれるもので、借りた翌日には返済する

という超短期の金融取引です。

　無担保ですから、資金の貸し借りが行われる際に、担保の受け渡しが行われません。あくまで、資金の融通を行う者同士の信用によって成り立っている取引です。

　この無担保コール翌日物の取引に適用される金利が、「無担保コール翌日物金利」で、短期金利の指標的な存在になっています。

➡ 日銀は「無担保コール翌日物金利」を操作することで金利政策を行う

　かつて日銀は、金利を上げ下げする場合、主に「公定歩合」（現在は「基準割引率および基準貸付利率」に名称が変更）を操作してきましたが、最近では、無担保コール翌日物金利を誘導することによって、金融市場の金利形成に影響を与えています。

　よく、新聞やテレビなどで「日銀が無担保コール翌日物金利の誘導目標を0.2％にした」といったニュースを目にすることがあるでしょう。たとえば、これまでの誘導目標が0.5％で、これを0.2％にしたなら、それは日銀が金利を低めに誘導しようとしている表れです。

　このように、日銀の金融政策のターゲットとして用いられることから、無担保コール翌日物金利を「政策金利」と呼ぶこともあります。

　コール市場は、前述したようにインターバンク取引ですから、銀行をはじめとする金融機関しか取引に参加することができません。なぜ、このような超短期の金融取引が行われるのかというと、金融機関が日々の資金過不足を調整するためです。

　銀行をはじめとする金融機関は、その日の融資、預金などの状況によって、常に資金が余ったり、不足したりを繰り返しています。

　資金が不足している場合は、当然、どこからか資金を融通してもらわなければなりません。そこで、コール市場を通じてその日の資金不

足を穴埋めするため、1日だけ資金を借りてくるのです。

逆に、資金が余っている金融機関は、コール市場に余剰資金を放出することによって、1日だけでも運用を行い、金利を稼ぎます。

◯「オープン市場」について見てみよう

次に、「オープン市場」ですが、〝オープン〟という名からもわかるように、銀行をはじめとする金融機関はもちろん、一般の事業法人など、文字どおり誰でも参加できるオープンなマーケットです。

オープン市場で主に取引されているのは、「CD（譲渡性預金証書）」と「CP（コマーシャルペーパー）」です。

「CD」は、満期前でも他人に譲渡できる預金で、3カ月物が取引の中心です。一方「CP」は、優良な一般事業法人が短期資金を調達するために発行する割引約束手形です。

どちらも短期金融市場における代表的な取引ですが、中でもオープン市場の中心は、「CD3カ月物」です。

短期金利を見る場合には、基本的にインターバンク市場で取引されている「無担保コール翌日物金利」と、オープン市場で取引されている「CD3カ月物金利」を見ておけばいいでしょう。この2つが、短期金利の指標的な存在と考えて差し支えありません。

また、無担保コール翌日物金利は、日銀が金利の誘導目標に設定していることからもわかるように、その金利形成には、日銀の金融政策の意向が明確に現れます。

一方、CD3カ月物金利は、定期預金の金利をはじめ、一般事業法人が短期的な運転資金を銀行から借り入れる際に適用される「短期プライムレート」に影響を及ぼします。そして、CD3カ月物金利は、無担保コール翌日物金利をにらみながら、その水準が上下します。

4 「長期金融市場」とは？

> **ポイント**
> 長期金融市場は「債券市場」と「株式市場」がある。このうち、長期金利の指標としては、債券市場で取引されている「10年物利付国債利回り」が該当する。

◯ 長期金利の一番の指標となるのは「10年物利付国債利回り」

　期間1年以上のお金の貸し借りが行われる金融市場を「長期金融市場」と言い、これは「債券市場」と「株式市場」とに分かれます。

　ここで、「株式市場って、金融市場の一種だったの？」と思う人もいるでしょう。株式の場合、企業がそれを発行して調達したお金は、基本的には永久に返済する必要のないお金になります。

　その意味では、長期的に必要なお金を調達しているのですから、長期金融市場の一つとして考えることもできるのです。

　ただ、本書は「金利」をテーマにしているので、株式市場についてここで詳しく説明することは避けます。本項では、「債券市場」をメインに説明していきます。

　債券市場では、「国債」「地方債」「政府保証債」「社債」などが発行されています。

　このうち、国債、地方債、政府保証債については、公的機関が発行しているという意味では、同じグループと言えるでしょう。一方、社

「長期金融市場」の仕組み

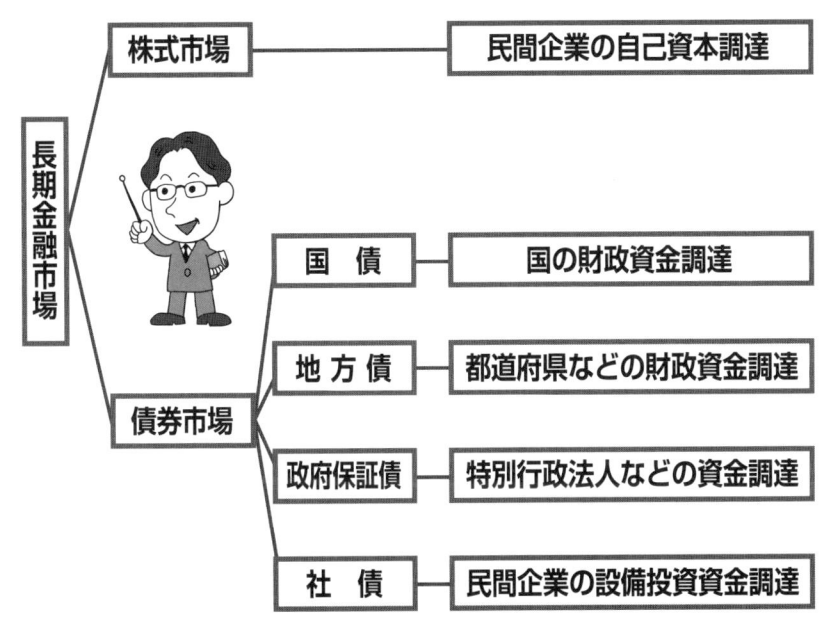

```
                ┌─ 株式市場 ──────── 民間企業の自己資本調達
                │
                │           ┌─ 国 債 ──── 国の財政資金調達
長期金融市場 ──┤           │
                │           ├─ 地方債 ──── 都道府県などの財政資金調達
                └─ 債券市場 ┤
                            ├─ 政府保証債 ── 特別行政法人などの資金調達
                            │
                            └─ 社 債 ──── 民間企業の設備投資資金調達
```

債は、一般事業法人が長期的な資金を調達するために発行している債券です。

同じ長期金融市場を通じて発行されるものでも、株式発行で得た資金は永久に返済する必要はありませんが、債券の場合は、償還期限までに保有者に対して元本を返済する義務があります。

債券市場の中では、やはり国債が最も発行量が多く、取引の中心になっています。

国債には、「TB（短期国債）」というものもありますが、これは償還までの期間が最長1年未満で発行される国債なので、長期金融市場というよりも、短期金融市場で取引されるものになります。

長期金融市場の枠内で発行される国債は、2年・5年・6年物の「中期国債」、10年・15年物の「長期国債」、そして20年物の「超長期国債」が代表的です。

中でも、長期金利の指標的な存在としては、10年物の長期国債がこれに該当します。正式には「10年物利付国債」と言います。
　長期金利を見る場合は、この10年物利付国債の「流通利回り」が参考になります。債券の利回りについては、PART 4で詳しく説明するので、ここでは割愛します。
　償還期限10年物の国債としては、いわゆる「個人向け国債」が、読者の皆さんにとって馴染みが深いと思いますが、長期金利の指標となるのは、個人向け国債とはまた違った長期国債です。
　10年物個人向け国債の場合、市場の金利動向次第で利率が見直される変動金利型ですが、ここでいう「10年物利付国債」は、償還を迎えるまで利率が変動しない固定金利型の国債です。

○「長期金利」の動向は日本の金利の根幹をなす

　ところで、10年物利付国債は、原則として毎月発行されており、それぞれに「回号」が付けられています。
　たとえば、2009年6月に発行された10年物利付国債には「301回」という回号が付けられています。
　このように、表面利率などの発行条件や発行日の違いによって、長期国債にはたくさんの回号があり、いずれも債券市場で取引されています。その上、回号によって流通利回りがバラバラですから、どれを基準にして長期金利と見なせばいいのかが問題になります。
　結論を言えば、長期金利とは、一番新しく発行された10年物利付国債の流通利回りになります。
　このように、新しく発行される国債のことを「新発国債」と言いますが、特に長期金利の指標的存在であることから、「指標銘柄」という呼び方がされます。

「債券価格」と「利回り」の関係を見てみよう

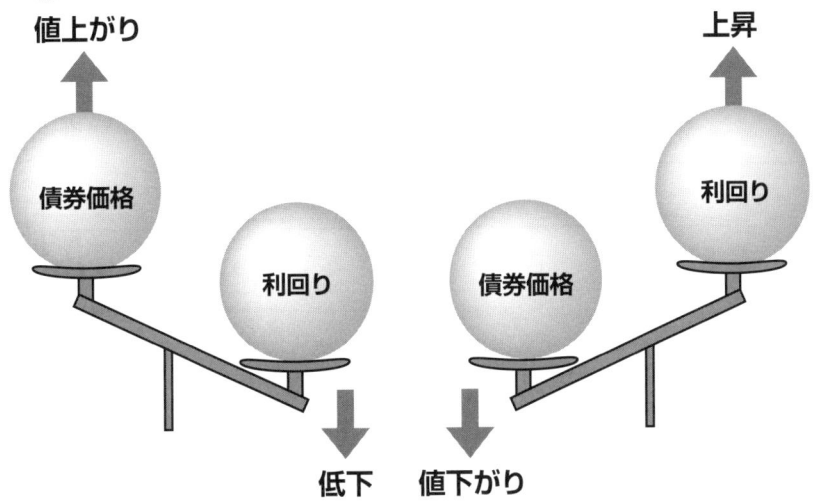

値上がり ← 債券価格 / 利回り → 低下

債券価格 → 値下がり / 利回り → 上昇

　新発国債の流通利回りは、その時どきの新発国債に対する需給バランスによって常に変動しています。

　国債の売り手が多ければ、債券価格は下落して流通利回りは上昇。逆に、国債の買い手が多ければ、債券価格は上昇して流通利回りは低下します。

　そして、これから新たに発行される新発国債の表面利率は、現在の指標銘柄の流通利回りを参考にして決められます。

　短期金利の場合は、日銀の政策意図が色濃く反映されますが、長期金利は、基本的に市場参加者の需給バランスによって金利が決まることから、市場参加者の〝金利観〟が反映されると考えられます。

　また、長期金利の動向は、地方債や政府保証債、社債など、長期の資金調達を行うために発行される長期の債券や、優良企業が銀行から長期資金を借り入れる際に適用される長期プライムレート、個人の住宅ローン金利など、さまざまな金融商品や融資金利に影響を及ぼすことから、日本の金利の根幹をなすものと見なされています。

5 「日本銀行」の金利に関する役割とは？

> **ポイント**
>
> 日本銀行（日銀）は、さまざまな金融政策を通じて、短期金利などの金利形成に影響を及ぼす。そのため、日銀が今の景気をどう見ているのか、金利をどう考えているのかを知ることが重要となる。

⇒「銀行の銀行」「発券銀行」「政府の銀行」そして、「日本の金融政策の担い手」

　自由金利の世界における金利は、基本的に、市場参加者の「需給バランス」によって決められています。

　市場参加者は、銀行や証券会社などの金融機関、生命保険会社や投資信託などの機関投資家、個人投資家などさまざまですが、政策当局である日本銀行も、金利形成に大きな影響を及ぼしています。

　日本銀行は、①「銀行の銀行」、②「発券銀行」、③「政府の銀行」という3つの役割を担っています。

　①「銀行の銀行」というのは、日銀が銀行に対してお金を貸す仕事をしているためです。また、日銀はお札を発行しているとともに、政府のお金を管理しています。こうしたことから②「発券銀行」、あるいは③「政府の銀行」という呼び方もされています。

　以上の3つが日銀の主な役割ですが、それとともに④「日本の金融政策の担い手」といった重要な役割もあります。日本経済が安定的な

成長を続けられるように、金融的な側面からサポートしているのです。

景気は、過熱しても、逆に低迷しても、私たちの生活にとってよい影響を及ぼしません。

景気が過熱すると、物価に上昇圧力がかかり、インフレ懸念が浮上します。俗に言う「金回り」がよくなって消費が加速し、本来、金融市場での運用に回るお金が、不動産や原油などのコモディティ（商品先物）にも向かうようになり、インフレを加速させるからです。

インフレになると、相対的にお金の価値が下がりますから、日銀は金利を引き上げ、世の中にあふれたお金を回収しようとします。

金利を引き上げれば、たとえば不動産やコモディティなどに回っていたお金が、預貯金をはじめとする金融商品に向かうようになったり、消費よりも預貯金での運用に回した方が有利という動きが生じるため、徐々に物価上昇圧力が低下していくのです。

逆に、景気が低迷すると、今度はデフレ圧力が強まります。デフレが経済的に大きな問題であることは、22ページの項目で説明したとおりです。デフレになると、モノの値段が下がって、実質的に同じ金額で買えるモノの量が増えますから、お金の購買力が上がったと言えますが、反面、経済の活力はどんどん削がれていきます。

当然、私たちの生活にとって望ましい状況ではないので、日銀は金利を引き下げることで消費の活性化を促し、デフレ経済からの脱却を図ろうとします。

⮕ 日銀の3つの「金融政策」とは？

もっと簡単に言うと、日銀は金利を政策的に上下させることで、物価の安定と景気のスピード調整を行っているのです。

日銀の金融政策には、①「公開市場操作」、②「無担保コール翌日

物金利操作」、③「預金準備率操作」の３つがあります。いずれも、金融市場に流通しているお金の量を調節することで、金利を上下させる手段です。

　銀行や一般事業法人、あるいは私たち個人が持っているお金の量が減れば、資金不足から金利は上昇しやすくなり、逆にお金の量が増えれば、資金余剰から金利は低下しやすくなります。これを踏まえ、日銀の３つの金融政策について説明していきましょう。

①「公開市場操作」

　日銀がＣＤやＣＰを売買することで、資金の流通量を操作することです。たとえば、短期金融市場で取引されているＣＤを日銀が買えば、日銀から短期金融市場に資金が流れ、金融市場の資金量が増え、金利を引き下げます。逆に、日銀が保有しているＣＤを売却すれば、金融市場の市場参加者がそのＣＤを買うため、短期金融市場から資金が日銀へと流れ、金融市場の資金量が減り、金利は上昇します。

②「無担保コール翌日物金利操作」

　銀行の銀行である日銀は、かつて、銀行に対して資金を融資する際に適用される金利である「公定歩合」を操作することで、金融市場における金利形成に影響を及ぼしていました。しかし、現在は金利が完全に自由化され、かつてほど公定歩合が持つ意味合いが薄れたため、公定歩合よりも「無担保コール翌日物金利」を操作することで、市場介入を行っています。なお、これに伴い、2006年８月から「公定歩合」は「基準割引率および基準貸付利率」に名称が変更されました。

③「預金準備率操作」

　銀行が日銀に積み立てている準備預金の率を変更することによって、金融市場の資金量をコントロールする方法です。準備預金とは、銀行が支払い不能に陥らないように、日銀の当座預金に一定率の準備預金を積み立てさせる制度のことです。

日銀の「金融調整」の流れ

たとえば金融引き締めを行うのであれば…

```
              CD売却              CD購入
  ┌─────┐ ──────→ ┌──────────┐ ──────→ ┌─────┐
  │ 日 銀 │           │ 短期金融市場 │           │ 銀 行 │
  └─────┘ ←────── └──────────┘ ←────── └─────┘
              資金吸収            CD購入資金
```

市中の資金流通量が減少

金利水準が上昇

　この預金準備率を引き上げると、銀行は、日銀の当座預金に積み立てなければならない額が増えるため、企業などへの融資を回収して、準備預金にあてるという行動をとるようになります。その結果、金融市場の資金量が減少して、金利が上昇します。

　日銀の金融政策は、毎月1、2回開催されている「日銀金融政策決定会合」の場で決められます。

　この会合で、金融引き締めが必要だと判断されれば、上記のような方法を用いて、金利が上昇するような政策をとり、逆に金融緩和が必要という場合には、金利が低下するような政策をとります。

　そして、これらの金融政策を行った結果、実際に金利にどのような影響を及ぼしたのかを判断する目安として、「無担保コール翌日物金利」が誘導目標として使われているのです。

6 「経済成長力」と「金利」の関係を読み解こう！

> **ポイント**
> 10年、20年単位の長期的な金利形成には、経済成長力が大きな影響を及ぼす。日本の経済成長力が低下する中、今後は低金利が常態化すると考えられる。

○「金利」はさまざまなサイクルを描いて変動する

　金利が「お金の需給バランス」によって決まることは、今までの説明でご理解いただけたと思います。では、お金の需給バランスは、何によって左右されるのでしょうか？

　何の根拠もなしにお金の需給バランスが変わっているわけではありません。お金の需給バランスを動かす〝原因〟が必ずあるはずです。それを考えてみましょう。

　株価や為替レートが、上がったり下がったりというサイクルで動くのと同じように、金利もまた、サイクルを描いて変動します。

　そのサイクルは、10年単位の長期的なサイクルと、3年あるいは5年という中期的なサイクル、あるいは日々、月単位、年単位といった短期的なサイクルとが組み合わさったものになります。

　このうち、長期的なサイクルという点で考えると、「一国の経済成長力」と「金利」の関係が見えてきます。

　日本を例にとって考えてみましょう。

さまざまな「金利サイクル」

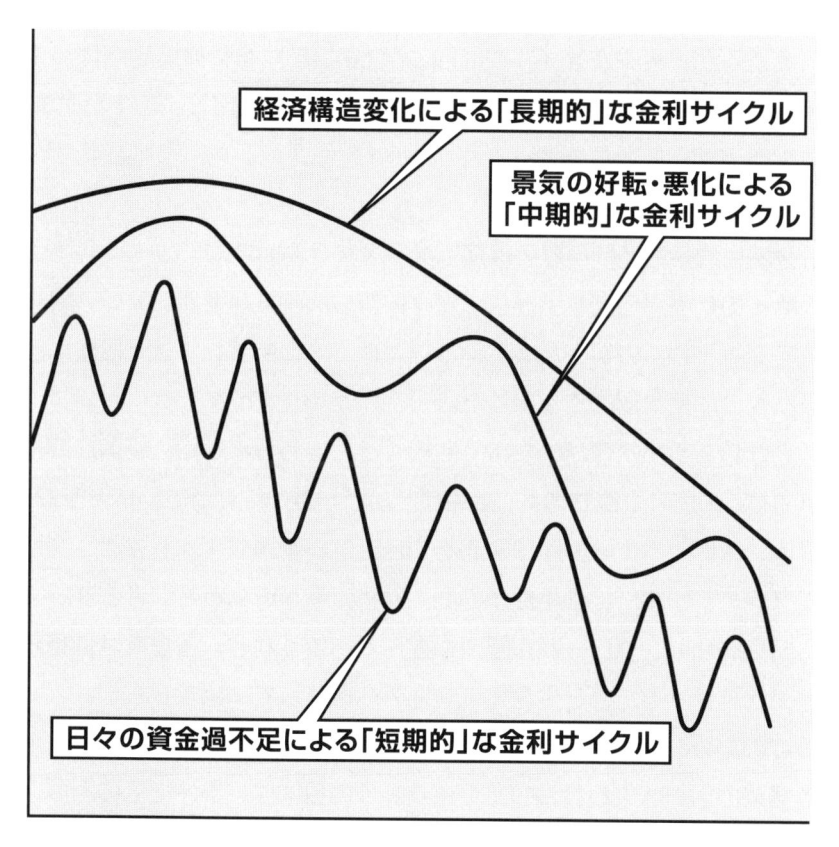

経済構造変化による「長期的」な金利サイクル

景気の好転・悪化による「中期的」な金利サイクル

日々の資金過不足による「短期的」な金利サイクル

⮕ 経済の成長期は金利は上昇、低成長期は金利は下落する

　戦後から高度経済成長に至るまでの日本の金利水準は、今に比べると非常に高いものでした。

　ところが、第一次オイルショック（1973年）を契機に高度経済成長期が終わりを告げ、90年代に入ってバブル経済が崩壊。それ以降は、成熟経済から低成長経済へと移行し、「超低金利」というべき状態が続いています。

　永遠に成長を続けられる経済はありえません。

　戦後の荒廃から立ち上がり、次々に新しい産業が復活。アジア随一の工業国としてのし上がっていった過程では、まぎれもなく日本は年2ケタの成長を遂げてきました。

　しかし、その状態がいつまでも続くことはありません。経済が成長すれば、国民の所得も増え、生活がどんどん豊かになっていきますが、反面、所得の向上は生産コストを引き上げ、中国やインドなど、よりコストの安い国に、価格競争の面で対抗できなくなっていきます。

　特に昨今は、グローバル経済が進んでいますから、各企業は価格競争力を維持するため、生産拠点を海外へと移しています。

　このため、国内の雇用機会は少なくなり、人口の高齢化もあいまって経済の活力は失われつつあります。今の日本は、まさにそのとば口に立っているわけです。

　かなり端折った書き方になってしまいましたが、戦後の歴史の中で、日本経済は、高度成長から低成長へとシフトしています。

　高度成長期には、企業もどんどん設備投資をしますし、国民も所得が増えていくため、活発に消費します。「大量生産・大量消費」時代の幕開けです。

大量生産・大量消費をするためには、お金が必要ですから、国内の資金需要はどんどん増大していきます。当然、このような経済状況下では、金利は高い水準を維持し続けます。

　逆に、昨今のように経済が低成長になると、国民の消費活動は低迷し、企業も生産拠点を海外に移していきますから、国内での設備投資は減少傾向をたどります。

　さらに金融のグローバル化によって、わざわざ日本国内で資金調達をしなくても、現地でできるようになりますから、日本国内における資金需要は、どんどん低下していきます。

　低成長局面に入ると、高度経済成長局面に比べて金利水準は低下し、低金利が常態化していきます。つまり、長期的な経済の構造変化が、金利水準に大きな影響を及ぼすのです。

　こうして、10年単位、あるいは20年単位という超長期的な金利サイクルが形成されていきます。

　今の日本経済は、80年代後半からのバブル経済も含めて考えると、戦後から45年間続いた高金利時代が幕を下ろし、新たに低金利時代に突入したと考えることができます。

　確かに、景気は好転・悪化を繰り返すので、その中で金利が上昇する局面もありますが、少なくとも、高度経済成長局面の頃のような高金利時代が到来することはないでしょう。低成長時代の到来とともに、金利上昇は頭打ちになったということです。

　もちろん、日本が財政破綻（はたん）に追い込まれたり、「クラウディング・アウト」（37ページ参照）の状態に陥ったりした場合には、大幅に金利が上昇するケースも考えられます。

　しかしそれは、日本経済にとって極めて望ましくない形での金利上昇になります。

7 「景気」と「金利」の関係を読み解こう！

> **ポイント**
> 3～5年程度の中期的な金利変動は、「景気」のサイクルが影響を及ぼしている。ただし、長期的には経済の活力が後退しているため、大きな上昇は望み薄？

⊃「景気」→中期的な金利サイクルを形成

　経済成長力が、超長期的な金利変動サイクルだとすると、景気は中期的な金利変動サイクルの要因になります。というのも、景気は3～5年前後の長さでサイクルを描く傾向が見られるからです。

　日本の景気がピークをつけた時を列挙すると、右図のようになります。多少の前後はありますが、大体3～5年で景気はピークをつけていることがわかります。強弱の違いがあるとはいえ、この程度の周期で好景気がやってくるということです。

　景気がよくなると、金利は上昇傾向をたどります。これは、「資金調達圧力が高まること」と「物価に上昇圧力が加わること」の2つの側面から説明できます。

●「資金調達圧力」

　景気がよくなると、多くの個人は消費を活発に行うようになります。それも日常生活品の類ではなく、自動車や住宅、あるいは高級ブランド品といった高額消費に走るようになります。そのために銀行でロー

過去の「日本の景気」ピーク時

- 1951年6月＝特需景気
- 1954年1月＝投資景気
- 1957年6月＝神武景気
- 1961年12月＝岩戸景気
- 1964年10月＝オリンピック景気
- 1970年7月＝いざなぎ景気
- 1973年11月＝列島改造ブーム
- 1977年1月＝名称なし
- 1980年2月＝名称なし
- 1985年6月＝ハイテク景気
- 1991年2月＝バブル景気
- 1997年5月＝カンフル景気
- 2000年11月＝IT景気
- 2007年10月＝いざなみ景気（名称は未定）

ンを組んだりしますから、自然と資金調達圧力が高まっていきます。

　また、企業も個人消費がどんどん盛り上がってくるという気配を察知すると、生産を増やそうとします。

　生産を増やすためには「設備投資」が必要となり、その資金を銀行から借り入れたり、社債を発行したりして対応しますから、やはり資金調達圧力が高まることになります。

　こうして、企業レベル、個人レベルで資金調達圧力が高まり、金利は上昇傾向をたどることになります。

●「物価上昇圧力」

　次に、物価の側面から考えると、景気好転は物価上昇を促します。個人消費や企業の設備投資が加速すると、モノに対する需要が高まるため、物価上昇圧力が強まっていくのです。

　そして、インフレ懸念が浮上すると、日銀は金融引き締め政策を通じて、利上げを行おうとします。こうして、金利水準が上昇します。

　景気後退局面では、これらと全く逆の動きが生じます。個人消費も企業の設備投資も低迷するため、資金調達圧力が弱まります。さらに、物価がデフレ気味に推移するため、日銀も利下げを行いやすくなります。総じて、金利は低下傾向をたどります。

　こうした景気の好転・悪化が3〜5年間隔で繰り返されることによって、金利も上昇・低下を繰り返します。

　経済成長力という点では、20年単位、30年単位で金利は下降トレンドにありますが、その中で、中期的な金利の上昇・低下が繰り返されるのです。

　ただし、今後日本は、経済成長力の低下が予想されますから、中期的に金利が上昇局面に入ったとしても、高度経済成長期の高金利を上回ることはなく、徐々に頭打ちになっていくと思われます。

「景気」と「金利」の関係を見てみよう

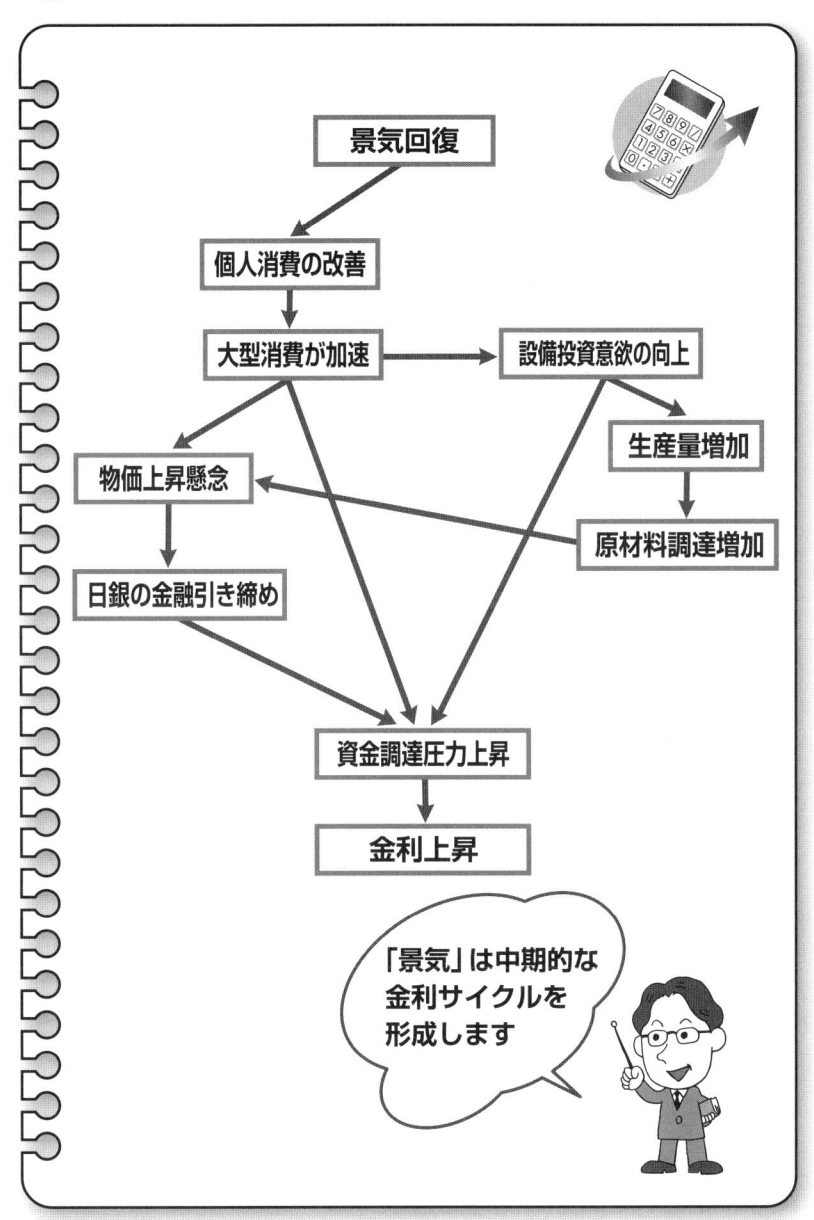

```
景気回復
  ↓
個人消費の改善
  ↓
大型消費が加速 → 設備投資意欲の向上
  ↓         ↓
  ↓        生産量増加
  ↓         ↓
物価上昇懸念 ← 原材料調達増加
  ↓
日銀の金融引き締め
  ↓
資金調達圧力上昇
  ↓
金利上昇
```

「景気」は中期的な金利サイクルを形成します

8 「季節要因」と「金利」の関係を読み解こう！

> **ポイント**
> 週ベース、月ベースなど、もっと短いサイクルで金利が変動することもある。このような「季節要因（時期的要因）」に応じた資金需給をチェックすることで、「短期的な金利変動」が見えてくる。

⊃ 短期的なスパンでの金利変動を見てみよう

前項で、超長期および長期的な金利変動サイクルを見てきましたが、もっと短期的なサイクルで金利が変動することもあります。

その要因は、主に資金の需給バランスによるものですが、「季節（時期）」などに応じて資金需要が高まったり、弱まったりすることがあるのです。

●「週ベース」で見た金利の変動サイクル

まず、「週ベース」で見ると、週末は休日となり、外出などでお金を使う機会が多いので、銀行からお金が引き出され、金融市場では資金が不足気味になります。

逆に、週はじめは、週末に買物やレジャーなどで使われたお金が、小売店を通じて銀行に戻ってくるため、金融市場に流通するお金の総量が増え、資金は余剰気味になります。

月別の「資金過不足」の要因

※(＋)は余剰要因、(－)は不足要因

	該当月で目立つ銀行券要因	該当月で目立つ財政等要因
4月	●ゴールデンウィークの行楽資金需要により、下旬に増発傾向（－）	●申告所得税納付（－） ●普通交付税交付金／地方特例交付金（＋） ●年金定時払い（＋） ●出納整理期間における諸払い（＋）
5月	●上旬に行楽資金の還収（＋）	●源泉所得税納付（－） ●労働保険料納付（－） ●財政融資資金の地方公共団体向け貸付（＋）
6月	●公務員ボーナス支給（月末）により、下旬に増発傾向（－）	●3月決算法人税・消費税の確定納付（－） ●普通交付税交付金（＋） ●年金定時払い（＋） ●国債償還・利払い（＋）
7月	●民間ボーナス支給による増発（－）	●源泉所得税納付（－） ●預金保険料納付／収入印紙代納付（－）
8月	●夏季休暇の行楽資金需要により、増発傾向（－）	●申告所得税納付4-6期分（－） ●年金定時払い（＋）
9月	●中間期末決済による現金需要により、増発傾向（－）	●財政融資資金の地方公共団体向け貸付回収（－） ●普通交付税交付金／地方特例交付金（＋） ●国債償還・利払い（＋） ●労働保険料納付（－）
10月		●年金定時払い（＋）
11月	●秋の行楽資金需要で小幅増発傾向（－）	●普通交付税交付金（＋）
12月	●民間・公務員のボーナス支給や歳末商戦により、中旬以降に増発傾向（－）	●3月決算法人税・消費税中間納付（－） ●労働保険料納付（－） ●年金定時払い（＋） ●特別交付金（＋） ●国債償還・利払い（＋）
1月	●年末資金の還流（＋）	●源泉所得税納付（－）
2月		●源泉所得税納付（－） ●年金定時払い（＋）
3月	●期末および年度末決済、入学・進学の現金需要により、増発傾向（－）	●財政融資資金の地方公共団体向け貸付回収（－） ●特別交付金（＋） ●国債償還・利払い（＋） ●公共事業等年度末諸払い（＋）

●セントラル短資の資料より作成

つまり、「週末にかけては金利が上がりやすく」、逆に「週はじめには金利が低下しやすく」なるのです。

●「月ベース」で見た金利の変動サイクル

「月ベース」でも、さまざまな要因によって金利は上げ下げを繰り返します。

たとえば、4月はゴールデンウィークに入り、レジャーに出かける人が増えるため、行楽資金需要が高まり、銀行から預金が引き出されます。したがって、金融市場では資金不足になり、金利が上昇しやすくなります。

6・7月や12月は、ボーナス支給によって、銀行からお金が引き出されます。これも資金不足要因となって、金利を上昇させます。

一方、5月はゴールデンウィークで使われたお金が、小売店などのお店の売り上げを通じて銀行に入金されますから、資金余剰になり、金利を押し下げます。

また、1月も、年末に使ったお金が、やはり銀行に入ってくるため、資金余剰になり、金利は下がります。

⊃「季節要因」は「短期金利」に影響を与える

こうした「季節要因」は、特に「短期金利」に大きな影響を及ぼしています。

たとえば、4月の行楽シーズン、夏のボーナスの6・7月、冬のボーナスの12月が近づくと、「ＣＤ１カ月物金利」などが上昇しやすくなるのです。

これは、銀行が資金の引き出しに備えて、1カ月くらい前から徐々に短期金融市場で資金を調達するからです。

ゴールデンウィークなどイベントの直前になると、「無担保コール翌日物金利」などにも上昇圧力がかかってきます。

　また、その月ごとにさまざまな財政要因による資金の余剰、不足が発生します。

　たとえば、申告所得税や源泉所得税の納付、あるいは労働保険料の納付などは、資金不足要因（金利は上昇傾向）になりますし、国債の償還や利払い、普通交付税交付金などは、資金余剰要因（金利は下降傾向）になります。

　さらに、1カ月の中で金利の動きを見ると、毎月15日に向けて無担保コール翌日物金利が上昇しやすくなります。これは、銀行の準備預金積み立て最終日が、毎月15日だからです。

　各銀行が支払い準備のため、日銀の当座預金に預金を積み立てるということは、すでに62ページで説明しました。準備預金の積み立ては日々行われていますが、その積み立て最終日である15日が近づいてくると、各銀行とも資金の不足状況に応じて、短期金融市場で資金調達する動きが活発になっていくのです。

　そのため、15日に向けて「無担保コール翌日物金利」が、徐々に上昇していくというわけです。

9 「物価」と「金利」の関係を読み解こう！

> **ポイント**
> 物価が上昇すると、資金がコモディティ市場での運用に流れ、日銀が金融引き締めを実施する。その影響で、金利は上昇傾向をたどるようになる。

●「物価」と「資金フロー」の関係を見てみよう

　物価高は金利上昇、物価安は金利低下を招きます。これは、2つの側面から説明できます。

　まず、「物価」と「資金フロー」の関係です。もしあなたがファンドマネジャーで資金を運用している立場だとしたら、先々物価が上昇しそうだという時、どのような投資行動をとるでしょうか？

　少しでも早くこの動きに乗り、物価上昇によるキャピタルゲイン（株式や債券などの価格上昇による利益）をとろうとするでしょう。

　このような動きが本格化すると、金融市場からコモディティ市場に資金が流れます。そのため、金融市場では資金不足になり、金利が上昇しやすくなります。

　あるいはこれから先、物価が上昇することが予測できるのであれば、今のうちに早めにモノを買い付けておこうとするでしょう。

　特にメーカーのように、原材料を大量に仕入れているところなどは、ちょっとした値段の上昇が、大幅なコスト増の要因につながります。

「物価上昇」と「金利」の関係を見てみよう

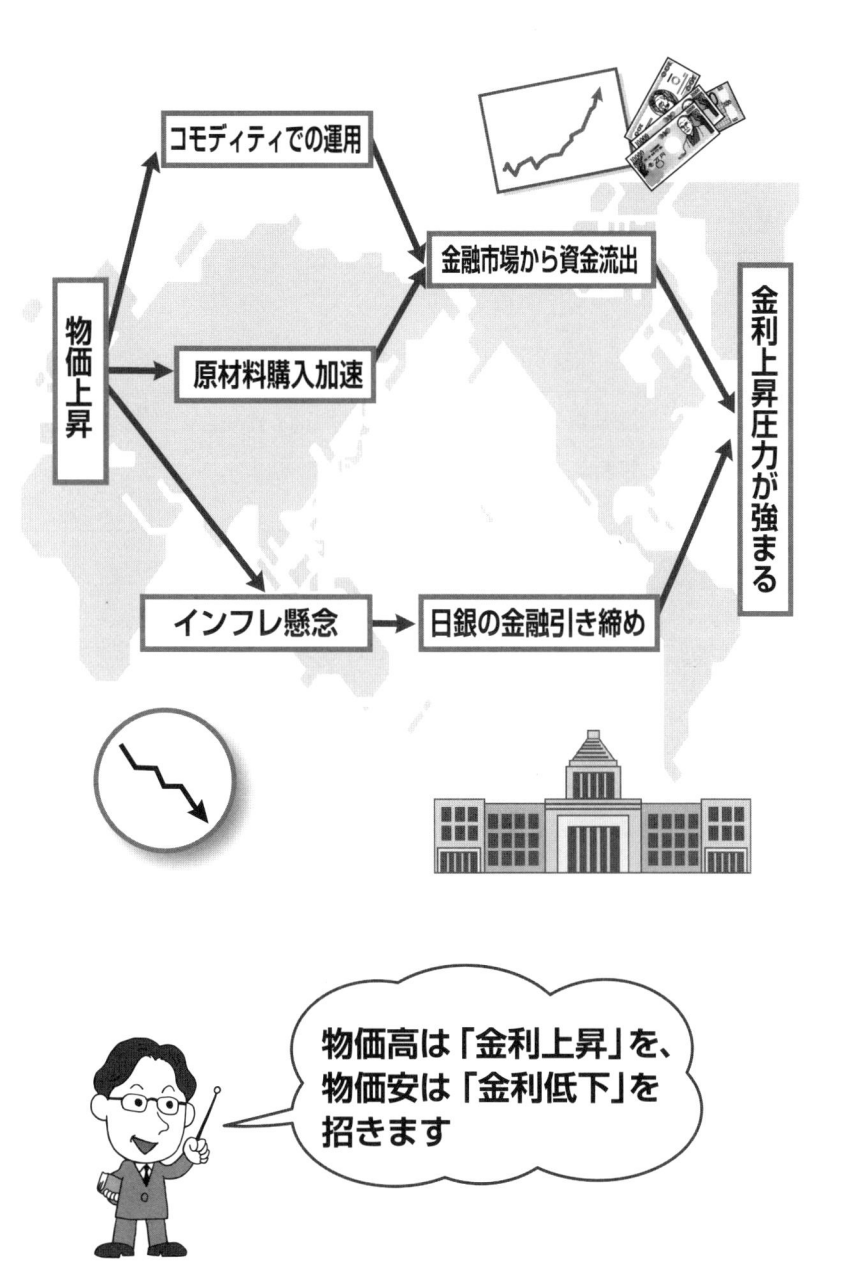

物価上昇 → コモディティでの運用 → 金融市場から資金流出 → 金利上昇圧力が強まる

物価上昇 → 原材料購入加速 → 金融市場から資金流出 → 金利上昇圧力が強まる

物価上昇 → インフレ懸念 → 日銀の金融引き締め → 金利上昇圧力が強まる

物価高は「金利上昇」を、物価安は「金利低下」を招きます

PART2.「金利」の決まり方を理解しよう

そのため、物価が上昇する前に、いち早く原材料の調達などをすませておこうとするはずです。

当然、大量に原材料を購入するためには、一時的に資金が必要になります。この資金を銀行から引き出せば、金融市場における資金の流通量が減少するため、金利が上昇しやすくなります。

また、金融機関からの融資でこれをまかなおうとすれば、金融市場で資金調達圧力が強まるため、同じように、金利が上昇しやすくなります。

このように、モノや原材料の値段が上がるということは、金融市場における資金の流れに大きな影響を及ぼし、それが金利変動につながっていくのです。

⮕「物価」と「日銀」の関係を見てみよう

次に、「物価」と「日銀」の関係についてです。

日銀が目指すものは、物価の安定と経済の持続的な成長です。ところが、「インフレ」になったり「デフレ」になったりを繰り返すと、物価の安定、経済の持続的な成長に支障をきたします。

「インフレ」は通貨価値を目減りさせ、インフレに強い資産を持っている人と持っていない人との格差を拡大させます。逆に「デフレ」は、経済の活力をどんどん削ぐことになります。

いずれにしても、物価が安定していることが、経済の安定かつ持続的な成長にとってはとても大事なのです。そのため日銀は、金融政策を通じて物価の安定化を図ります。

●日銀の金融引き締め→金利上昇を誘導

もし、物価がどんどん上昇している状態であれば、日銀は金利を引

き上げます。

　金利が上がれば、人々は預貯金を積極的にしようとします。また、金利が上がれば、借金をしてまでモノを買おうという意欲は後退します。つまり、今までモノに向かっていたお金の流れを、金融市場に引き戻すのです。

　このように、日銀による金利引き上げは、物価上昇を沈静化させる効果があるのです。

●日銀の金融緩和→金利低下を誘導

　逆に、物価がどんどん下落するデフレ経済の下では、日銀は低金利政策を行います。

　経済は、安定的に成長している時は緩やかなインフレ（物価上昇）になります。つまり、物価が下落を続けているというのは、景気が悪い証拠でもあるのです。

　また、デフレが深刻化すると、いくらモノを売っても売り上げが伸びないため、景気は一段と深刻な状況になってしまいます。

　そのため、日銀は金融を緩和することで、経済を活性化させようとします。

「金融緩和」とは、日銀が資金をどんどん供給することによって、世の中に十分なお金が回るようにすることです。その結果、金利水準は低下し、消費が活発になります。

　このように、日銀は「金融政策」を通じて、物価の安定と経済の持続的成長を維持しようとするのです。

　物価上昇時は「金融引き締め」、物価下落時は「金融緩和」を行い、それぞれ金利上昇、金利低下のきっかけにします。

10 「信用不安」と「金利」について確認しておこう

> **ポイント**
>
> 「信用力」が低下すると、誰もお金を貸してくれなくなる。それでも資金を調達したければ、金利を引き上げなければならない。これが「リスク・プレミアム」と呼ばれるものである。

● 「金利」は信用力が低いと上がり、高いと下がる

　昨今、個人の間で、金利の高い国の通貨で運用するのが流行っています。豪ドルやニュージーランドドルなどが代表的ですが、最近はトルコ・リラや南アフリカ・ランドといった、非常にマイナーな通貨の人気も高まっています。

　理由は、円で運用するよりも高い金利収入が期待できるからです。ただし、高金利通貨で運用したとしても、金利が高い分は通貨安によって調整されてしまいますから、決して高金利通貨での運用が有利とは言えません。

　そういう厳然とした事実はあるものの、年10％前後の利率を提示されると、何も疑問に思わず、有利だと思ってしまうのでしょう。

　「金利が高い」ということは、それ相応の理由が必ずあります。特に「信用力」の問題です。

　信用力の低下は、金利を引き上げることになります。「信用力がない」

年初から急上昇した「米国長期金利」

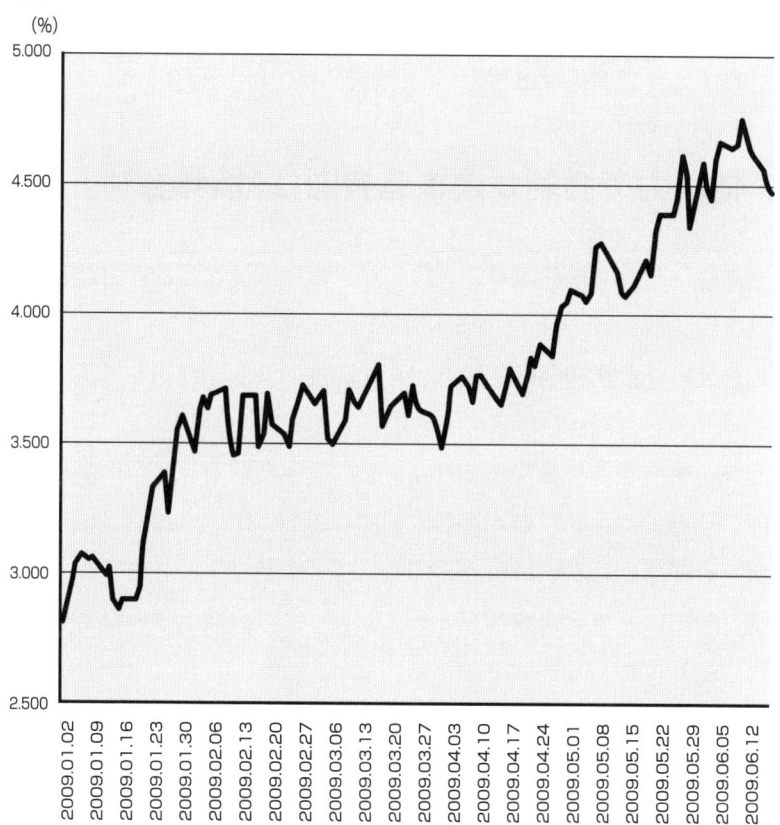

というのは、つまり、「貸したお金が返ってこなくなるリスクがある」という意味です。誰だって自分の大事なお金を貸すのですから、それが戻ってこないというのでは困ってしまいます。

そこで、お金を借りる側は、「もっと多めに金利を払うから、お金を貸してください」と言ってきます。リスクが高い分だけ「金利の上乗せ」をするのです。

貸す側も、一般的な金利水準に比べてはるかに有利な金利収入が得られるのであれば、多少リスクがあっても、容認する可能性があります。

かくして、信用力が低下すると、金利水準は上昇します。これとは逆に、信用力が高まると、金利水準は低下傾向をたどります。
　これと大きな関係があるのが、「債券の格付け」問題です。

● 信用力で金利が決まる典型は「債券金利」

　債券は、政府や一般事業法人などが、資金調達を目的に発行する有価証券の一種です。発行体が元利金の支払いを保証しているのですが、もしも発行体が財政破綻(はたん)に陥ると、元利金の支払いが滞る「デフォルト・リスク」が高まります。
　当然、債券を買う側からすれば、その債券がデフォルトに陥る恐れがどのくらいあるのかを、事前に把握しておきたいわけです。それを把握する基準として設けられているのが「債券格付け」です。
　「債券格付け」は、スタンダード＆プアーズやムーディーズといった格付け会社が行っています。
　そして、これらの格付け会社が下した格付けの判断が、金利水準に大きな影響を及ぼすことがあります。
　2009年5月、スタンダード＆プアーズが、英国国債の長期信用格付けの中期的な見通しを、「安定的」から「ネガティブ」に引き下げました。
　この影響で、米国国債にも格下げの噂が浮上し、米国国債の価格が下落しました。債券価格が下落すれば、長期金利は上昇します。
　ちなみに、米国国債の利率は、2008年12月に2.546％まで低下した後、上昇傾向をたどるようになり、2009年6月10日には4.750％まで上昇しました。サブプライムローンショック後の景気対策によって、米国国債の増発から財政赤字が拡大。米国国債の信用力低下が懸念されたからです。

「ムーディーズ」の長期債券格付け

格付け記号	意　　　味
Aaa	信用力が最も高く、信用リスクが最小限であると判断される債券に対する格付け
Aa	信用力が高く、信用リスクが極めて低いと判断される債券に対する格付け
A	中級の上位で、信用リスクが低いと判断される債券に対する格付け
Baa	信用リスクが中程度と判断される債券に対する格付け。中位にあり、一定の投機的な要素を含む
Ba	投機的な要素を持ち、相当の信用リスクがあると判断される債券に対する格付け
B	投機的であり、信用リスクが高いと判断される債券に対する格付け
Caa	安全性が低く、信用リスクが極めて高いと判断される債券に対する格付け
Ca	非常に投機的であり、デフォルトに陥っているか、あるいはそれに近い状態にあるか、一定の元利の回収が見込めると判断される債券に対する格付け
C	最も格付けが低く、通常、デフォルトに陥っており、元利の回収の見込みも極めて悪い債券に対する格付け

　日本も例外ではありません。2003年以降の景気拡大によって、日本国債の格付けはやや引き上げられる方向にありましたが、やはり2007年以降の景気後退局面で、景気対策から国債の発行が増えてきており、財政赤字が拡大する兆しを見せています。

　かつて、2001年には日本国債の格付けが段階的に引き下げられ、最終的にムーディーズの格付けでは、「Aa3」まで低下しました。

　このように、格付けが引き下げられるという噂が流れた時点で、長期金利には上昇圧力がかかります。

⇒「債券格付け」の表示の意味を知ろう

　債券格付けは、アルファベットと数字の組み合わせによって表現されます。格付け会社によって若干の違いはありますが、基本は同じです。

　たとえば、ムーディーズの場合は、「Aaa」（トリプルエーと読む）という最上級格付けから「C」という最低格付けまで、9段階で表示されます。

　また、各カテゴリーの中で、1、2、3という3段階の補助記号がついています。そのカテゴリーの中で、「1は上位」「2は中位」「3は下位」であるという意味です。たとえば、「Aa1」「A2」「Baa2」というふうに表示されます。

　ムーディーズの例で言うと、「Baa」（ビーダブルエーと読む）までが投資適格と言われているもので、多少の投機的要素は含まれるものの、一応、その債券が償還を迎えるまで、元利金の返済が滞るリスクは低いと見なされます。

　そして、「Ba」（ビーエーと読む）になると、投機的格付けと言って、償還前に元利金の返済が滞るリスクが高いと見なされます。

　ただし、そのリスク・プレミアム相当分が利回りに反映されますから、Baa以上の格付けを取得している債券に比べると、有利な利回りを得ることができます。

PART 3

これだけある！「金利」の種類

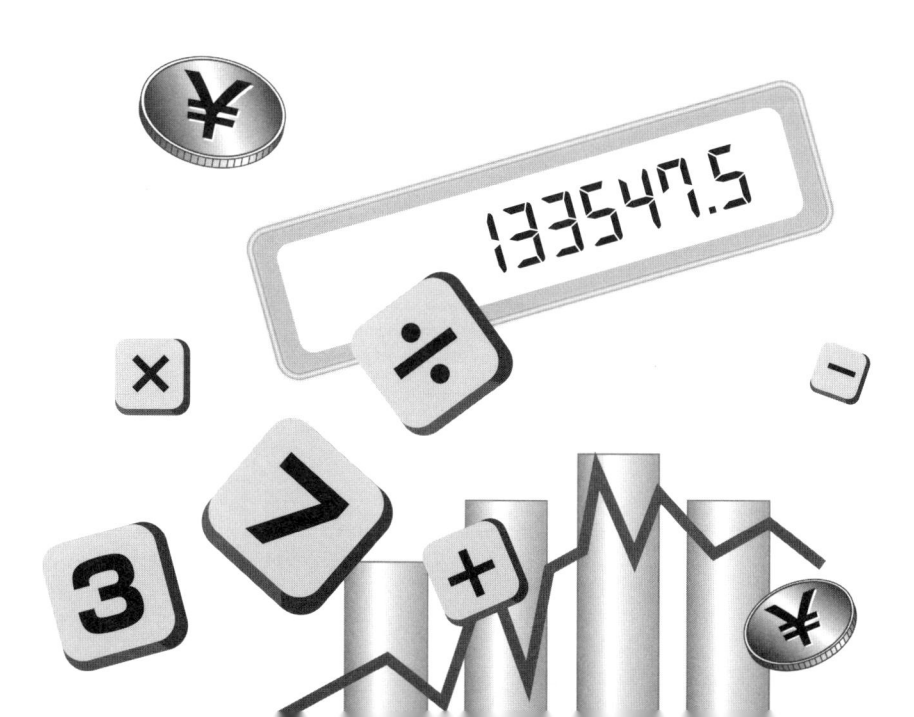

1 「規制金利」について見てみよう

> **ポイント**
>
> かつて日本は「規制金利」が中心だった。金利を規制することで、金融機関同士の競争を制限。これは銀行に信用不安が広まるのを防ぐためと言われている。

◆ 金融の自由化が進み、現在政策金利の中心は「公定歩合」から「無担保コール翌日物金利」に

「規制金利」とは、文字どおり、規制当局によって決められる金利のことです。規制当局とは、日本銀行など政府関係者を差しています。

日本では、1990年代半ば以降にほぼ金利の自由化が完了しました。その結果、規制金利の代名詞だった「公定歩合」が持つ意味、役割が薄れ、今ではその名称も「基準割引率および基準貸付利率」に変更されています。

62ページで説明したように、現在、政策金利の中心は「無担保コール翌日物金利」に移っていますが、「基準割引率および基準貸付利率（公定歩合）」は、「無担保コール翌日物金利」を誘導する上限金利となっています。

では、どうして昔の日本では、「規制金利」を中心とした金利体系が作られていたのでしょうか？

一番の理由は、銀行間の競争激化を避けるためです。日本が戦後の荒廃から立ち直っていくためには、産業を興すことも大事でしたが、

それとともに、経済発展に必要な血液であるお金を日本国中にくまなく行き渡らせるため、銀行をはじめとする金融機関に信用不安が生じるようなことは、絶対に避けなければならなかったのです。
　「銀行は絶対に倒産しない」「銀行にお金を預けておけば安心」というイメージが定着すれば、誰もが安心してお金を銀行に預けます。このお金が、戦後の日本経済を立ち直らせる礎になったのです。
　逆に、簡単に銀行が倒産するような脆弱な金融基盤であったなら、誰も銀行にお金を預けず、高度経済成長はなしえなかったでしょう。

● かつては「金利規制」をして
　銀行間の競争を避け、経済発展の礎とした

　大勢の国民が、銀行を信頼してお金を預けたからこそ、銀行は資金調達に苦しむことなく、潤沢な資金を一般事業法人向けの貸付に回すことができたのです。
　この、安心してお金を預けられる銀行にするため、「規制金利」が大きな意味を持っていました。かつては公定歩合だけでなく、預貯金や融資など、あらゆる金利が規制されていました。
　たとえば、A銀行でもB銀行でも、預金利率は変わらなかったのです。それはつまり「銀行は競争しないこと」と言っているのと同じです。
　もし、銀行同士が預金利率などで激しく競争したら、脱落する銀行も出てきます。たとえそれが一部だとしても、銀行が倒産したら、たちまち銀行からお金が逃げていきます。これでは、安定した資金の供給はできません。だから、戦後の日本経済が立ち直る過程においては、「規制金利」という概念が必要だったのです。
　ただ、あらゆる金利を規制しようという考え方は、徐々に通用しなくなってきました。「自由金利」という概念が、いよいよ日本に浸透し始めてきたからです。

2 「自由金利」について見てみよう

> **ポイント**
>
> 「自由金利」とは、金融市場の需要と供給のバランスによって変動し、金利が決められるということ。現在、規制金利は「公定歩合」だけで、それ以外の金利は、大半が「自由金利」になっている。

● 日本初！「債券現先取引」で自由金利が登場

　戦後の日本では、長いこと「規制金利」が中心でしたが、徐々に「自由金利」の概念が広まっていきました。
　「自由金利」とは、日銀など規制当局の意向とは関係のないところで、自由に金利が決められるということです。
　自由金利が登場したことで、金融市場でのお金の需要と供給のバランスによって金利水準が変動し、決まるようになりました。
　日本の金融取引にはじめて自由金利の概念が登場したのは、「債券現先取引」という金融取引が、活発に行われるようになってからのことです。
　「債券現先取引」とは、債券を持っている人が、短期的な資金調達を行うため、一定期間後にあらかじめ決められた価格で買い戻すことを前提にして、手持ちの債券を売却するという金融取引のことです。
　債券を売却する側（債券を持っている人）からすれば、短期資金の

調達になりますし、債券を購入する側にとっては、短期の資金運用手段になります。

債券現先取引では、いくらで買い戻すかということが、すべて取引当事者間の話し合いで決められます。

つまり、市場の需給バランスによって金利が決められているのと同じ理屈になるのです。

➡ 一般個人がはじめて自由金利商品に触れられたのは「MMC」

こうした取引が広まっていく中で、「自由金利」の概念が徐々に広がっていきました。

ただし、債券現先取引の市場には、個人の参加が認められていませんでした。

個人が本当の意味で自由金利型の金融商品に触れることができたのは、1985年に「MMC（市場金利連動型預金）」が登場してからのことです。

といっても、1985年当時は、まだ最低預入金額が1,000万円と、大口の顧客しか購入できませんでしたが……。

本格的にMMCの小口化が進んだのは、1989年のことです。この年から、最低預入金額が300万円という小口のMMCが登場し、庶民にも手が届く預入金額となりました。

ちなみに、現在では、すでに「MMC」という商品名称そのものがなくなっており、それが「スーパー定期」という名称に変わっています。

主な銀行の「スーパー定期」の利率一覧

銀行	定期預金						普通預金
	1カ月	3カ月	6カ月	1年	3年	5年	
みずほ銀行	0.10	0.10	0.12	0.20	0.250	0.364	0.04
三井住友銀行	0.08	0.11	0.12	0.20	0.250	0.302	0.04
三菱東京UFJ銀行	0.10	0.10	0.12	0.20	0.250	0.352	0.04
りそな銀行	0.10	0.10	0.12	0.20	0.250	0.352	0.04
三菱UFJ信託銀行	－	0.10	0.12	0.20	0.250	0.352	0.04
住友信託銀行	0.10	0.10	0.12	0.20	0.250	0.352	0.05
中央三井信託銀行	0.10	0.10	0.12	0.20	0.250	0.352	0.04
みずほ信託銀行	0.10	0.10	0.12	0.20	0.250	0.352	0.04
城南信用金庫	0.20	0.20	0.20	0.30	0.372	0.373	0.05

●2009年6月4日現在

ご覧のとおり、超低金利。自由金利の恩恵を受けているとは言えません…

⮕ 預金者が「自由金利」の恩恵を受ける前に、超低金利時代に突入！

　自由金利の世界では、金融機関が自由に預金の利率などを決めることができます。そのため、同じ預入金額、同じ満期の定期預金でも、利率には差が生じてきます。

　つまり、自由金利の導入によって、「護送船団方式（最も速度が遅い船に速度を合わせて、船団が統制を確保しつつ進むという意味で、日本で戦後維持されてきた銀行行政）」がなくなり、銀行同士の競争が本格化してきました。

　自由金利になれば、銀行はより多くの顧客（預金者）を獲得するため、金利競争を始めるようになります。その結果、「預金利率が向上するのではないか？」という期待が高まりました。

　しかし、残念なことに、日本で金利の自由化が最終段階にきた時には、すでにバブル経済が崩壊し、金利水準が過去最低の水準まで低下していました。

　そのため、個人は自由金利のメリットをほとんど感じることなく、現在に至っているというのが実情です。

　さて、自由金利が広まるにつれて、金利決定のプロセスにも変化が生じてきました。

　かつて、すべての金利の根幹になるのは「公定歩合」でしたが、日銀が「公定歩合」（現在は「基準割引率および基準貸付利率」に名称が変更）を動かす前に、市場が先にそれを織り込んで、金利が低下（あるいは上昇）するようになったのです。

　その意味からも、現在は「公定歩合（基準割引率および基準貸付利率）」の威光が大幅に後退し、政策金利の中心は「無担保コール翌日物金利」（62ページ参照）に変わっていったのです。

3 「固定金利」について見てみよう

> **ポイント**
> 金融取引が行われている期間中、適用金利が一切変わらない「固定金利」は、もしも預け入れる場合は、金利水準がピークをつけた局面での運用に向いている。

◯「高金利」時なら預け入れるのがメリット大

「規制金利」と「自由金利」は、いわば〝制度〟の面から金利の種類を分けたものですが、金利の種類は、ほかの側面からも分類することができます。

お金の貸借を行うのが金融取引ですが、その取引期間中、適用金利の見直しが行われるか、行われないかという側面からの分類を考えてみましょう。

具体的には、「固定金利」と「変動金利」の違いになります。この項では、まずは「固定金利」から説明していきましょう。

取引期間中、金利がまったく変わらないのが「固定金利」です。これには、どのようなメリットが考えられるでしょうか？

まず運用面から考えると、たとえば、銀行が扱っている定期預金がこれに該当します。

5年物でも3年物でも同じですが、銀行が扱っている定期預金は、基本的に、預入時に提示された利率が満期まで継続します。

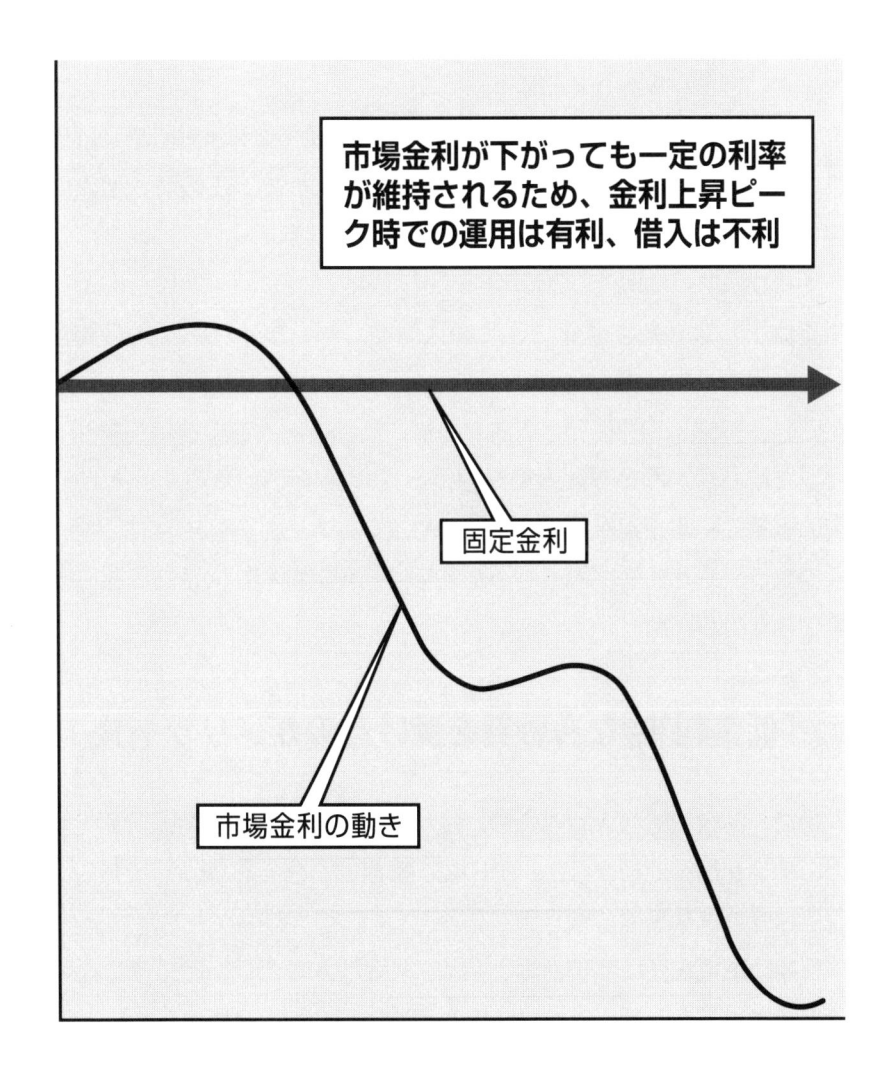

「固定金利」が高い時は運用がベスト

市場金利が下がっても一定の利率が維持されるため、金利上昇ピーク時での運用は有利、借入は不利

固定金利

市場金利の動き

5年物の定期預金ともなると、その間に景気変動が起こり、金利水準も変わってくるものですが、それでも預入時の利率が適用され続けるのです。

　この場合、金利水準が低下しても、預入時の高い利率が適用され続けるというメリットがあります。

　1990年9月、定額貯金の利率は、公定歩合が6.0％まで引き上げられた中で、ここ20年間で最高の水準に達しました。この時、預入期間3年以上の部分に適用された利率は6.33％です。

　それから10年が経ち、2000年3月の定額貯金の利率は、何と0.20％まで低下しました。3年以上の預入期間でも、わずか0.20％の利率しか適用されないのです。

　でも、1990年9月に預け入れた人は、その後、大きく適用利率が下がったにもかかわらず、満期を迎える10年後まで、6.0％以上という高い水準の利率が適用され続けたのです。

　つまり、金利水準が高くなった時には、固定金利型の金融商品にお金を移すのが正解ということになります。

◆「低金利」時なら融資を受けるのがメリット大

　逆に、お金を借り入れる人は、金利水準の高い時に長期固定金利型のローンを組んでしまうと、その後、長期にわたって高い利子を払い続けなければならなくなります。

　長期の融資を受ける場合は、なるべく金利水準の低い時に借り入れるのがポイント。そうすれば、借入期間中に金利水準が上昇したとしても、借入金利は低いままなので、コスト増にならずにすみます。

　また、住宅ローンにも「固定金利」があります。住宅金融支援機構が扱っている「フラット35」は、35年間という長期にわたって、融

「固定金利」が低い時は融資がベスト

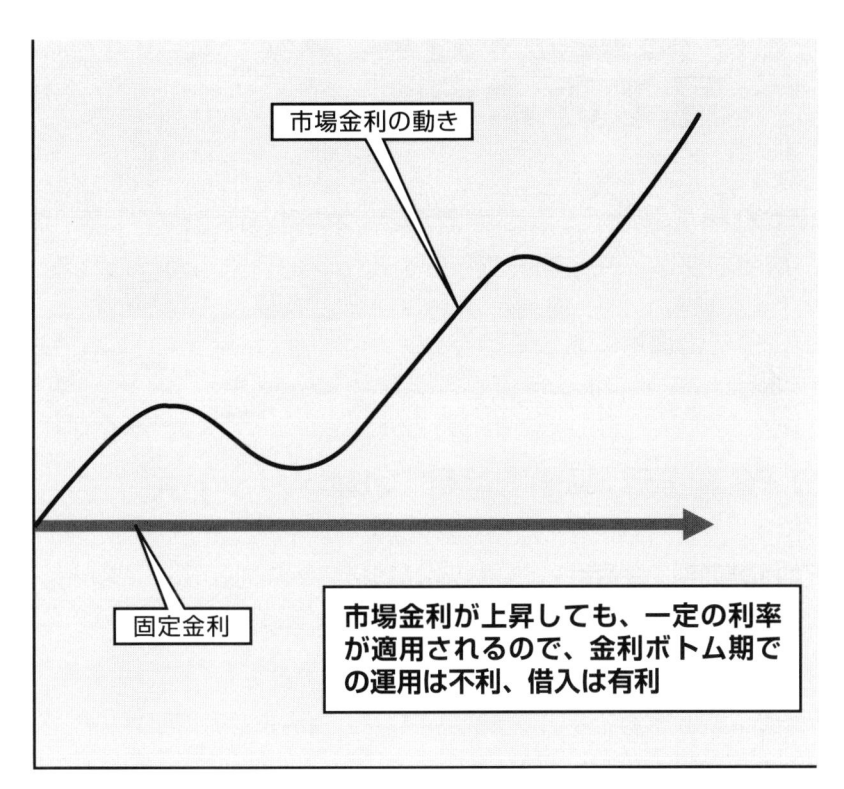

市場金利の動き

固定金利

市場金利が上昇しても、一定の利率が適用されるので、金利ボトム期での運用は不利、借入は有利

資レートが変動しません。

　民間金融機関が扱っている住宅ローンの場合、多くは「変動金利型」ですが、「フラット35」は、住宅金融支援機構と民間金融機関が組んで、個人の住宅購入促進のために作られた融資制度であり、35年間という長期にわたる「固定金利」を実現したのです。

　お金を貸して運用する側（預ける側）なのか、それとも借りる側なのか……？　同じ固定金利でも、立場によって状況は大きく変わってきます。基本的に固定金利の場合、「高金利時に有利なのは運用する側」、「低金利時に有利なのは借りる側」と覚えておきましょう。

4 「変動金利」について見てみよう

> **ポイント**
> 取引期間中、一定期間ごとに適用金利の見直しが行われる「変動金利」は、金利がボトムから上昇局面に向かったところでの運用に適している。

⊃「金利上昇」局面で運用すればメリット大

　取引期間中、金利が一切変わらない固定金利に対して、「変動金利」は、一定期間ごとに適用金利を見直していきます。

　まず、運用面から考えると、個人に一番身近なものでは「変動金利型個人向け国債」があります。これは、償還までの期間が10年で、半年ごとに利率が見直されます。

　具体的には、新しく発行される個人向け国債の募集期間の開始直前に行われる、「10年物固定利付き国債」の入札で決められた利率を基準金利として、そこから0.80%を差し引いたものが、「変動金利型個人向け国債」の適用利率になります。

　したがって、金利が上昇局面にあれば、それに伴って変動金利型個人向け国債の適用利率も上昇していきます。

　前述したように、固定金利型の金融商品は、高金利時に購入すると、その後、金利が低下しても、適用利率は高金利時のものが適用されるため有利ですが、低金利時に購入してしまうと、その後、金利が上昇

「変動金利」は上昇局面では運用がベスト

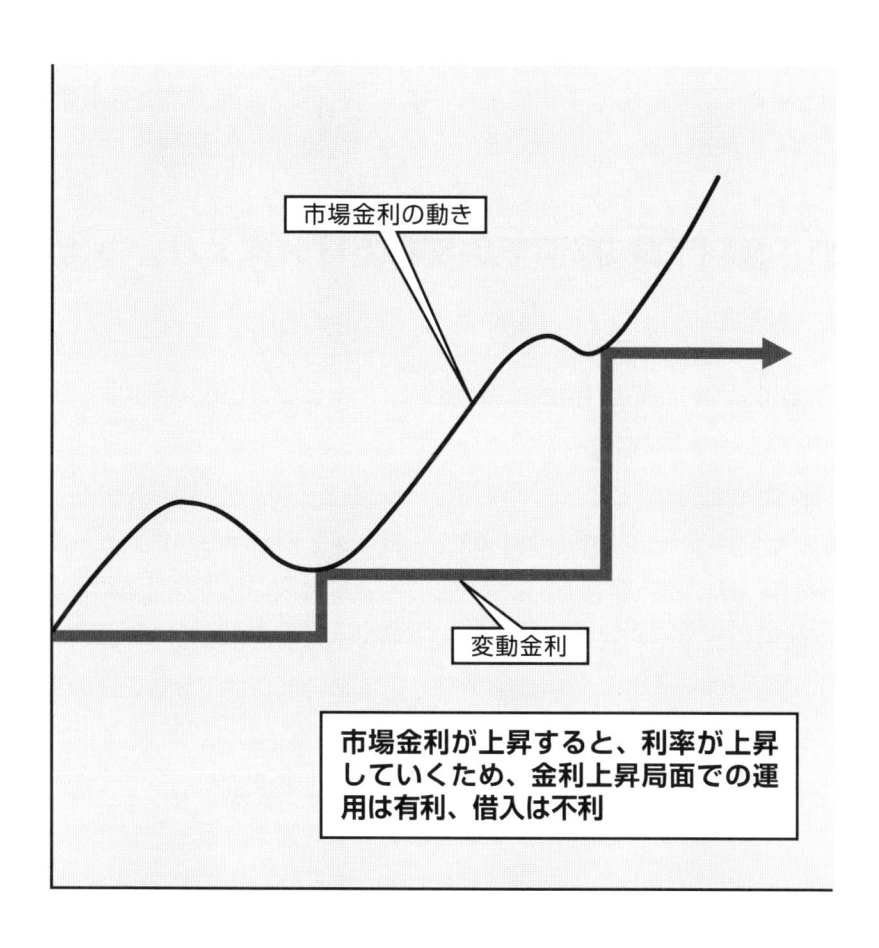

市場金利の動き

変動金利

市場金利が上昇すると、利率が上昇していくため、金利上昇局面での運用は有利、借入は不利

「変動金利型」の金融商品では、「10年物の個人向け国債」が代表的。半年ごとに適用金利が見直されます

しても、購入した金融商品の適用利率は低いままで変わらないため、せっかくの金利上昇メリットを享受(きょうじゅ)できないことになります。

この点、変動金利型の金融商品で運用すれば、金利が上昇するにつれて適用利率も上昇していくため、金利上昇メリットを享受できます。金利上昇局面では、変動金利型の金融商品を選ぶのがポイントです。

➡ 「金利下降」局面で融資を受ければメリット大

逆に、変動金利型のローンを組む（融資を受ける）場合は、どんな局面がメリットが大きいかというと、もうお気づきと思いますが、金利水準が低下傾向にある時です。

民間金融機関が扱っている住宅ローンの多くは、「変動金利型」になっています。「変動金利型」の住宅ローンを組む場合、金利ピーク時に申し込むと有利です。なぜなら、今後は金利の低下が見込め、金利が下がるにつれて住宅ローンの返済金額も減っていくからです。

一方、「変動金利型」の金融商品で運用する場合は、今後、金利上昇が見込める場合に購入すると有利です。

なお、変動金利型のローンは、一般的に固定金利型のローンに比べて、利率が低めに設定されています。ローンを提供する金融機関からすれば、将来金利が上昇する可能性があり、そうなっても金利収入増が期待できない固定金利型ローンは、積極的に販売しないでしょう。

少しでも変動金利型ローンを利用してもらいたいので、利率を低めに設定して、有利であるかのように見せかけているのです。

金利が本格的に上昇すれば、固定金利型と変動金利型の金利差はあっという間に逆転してしまうので、金利上昇の可能性が高い時にローンを組む場合は、変動金利型よりも金利が高かったとしても、固定金利型で組む方が無難です。

「変動金利」は下降局面では融資がベスト

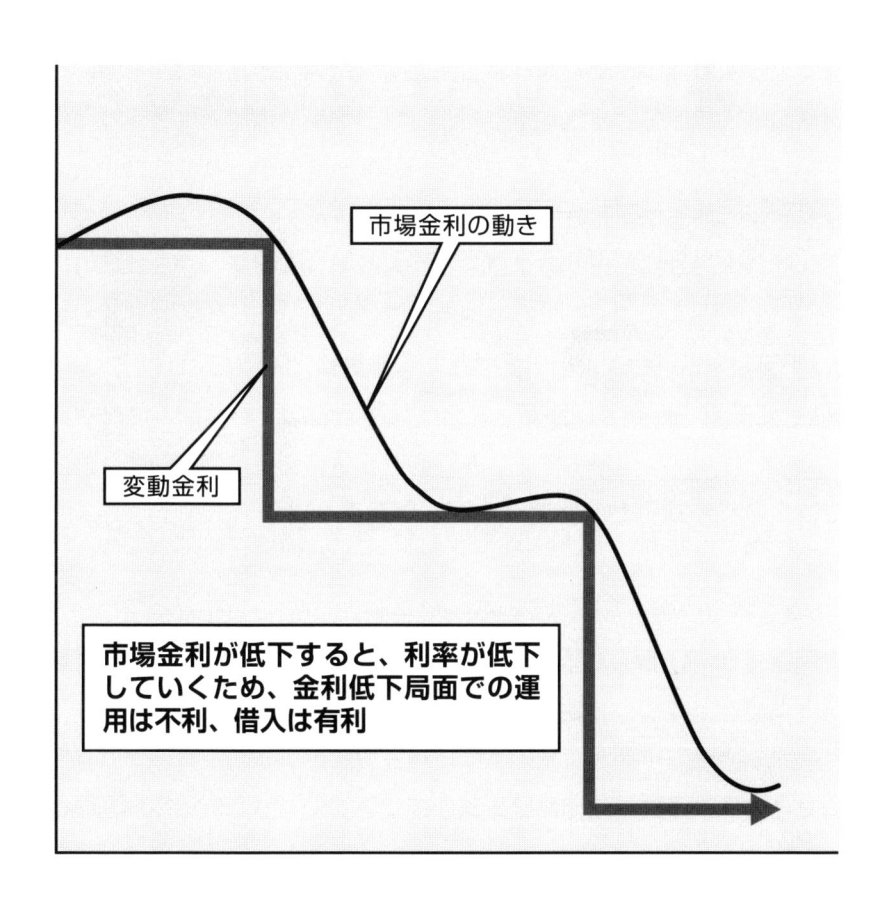

市場金利の動き

変動金利

市場金利が低下すると、利率が低下していくため、金利低下局面での運用は不利、借入は有利

> 長期の住宅ローンを組む場合、金利が低下局面にある時は、「変動金利型」で組んだ方が、支払利息が減るので有利！

5 「名目金利」と「実質金利」の違いをしっかり理解しよう！

> **ポイント**
>
> 「名目金利」から物価上昇率を差し引いたのが「実質金利」である。たとえば、金利差から為替レートの値動きを考える場合、「名目金利」だけでなく「実質金利」にも注目する必要がある！

●「名目金利」とは名目値の金利、「実質金利」とは物価の上下を加味した金利

　普段、私たちが銀行にお金を預ける際の利率、あるいは住宅ローンを組んだ時に決められる住宅ローン金利などは、すべて数字としてとらえることのできる金利です。

　これを「名目金利」と言います。

　たとえば、１年物定期預金の利率が年0.3％だとすると、この0.3％が「名目金利」になります。基本的に、私たちが普通の生活で言うところの「金利」は、すべて名目値であると考えていいでしょう。

　これに対して「実質金利」とは、名目金利からインフレ率を差し引いた金利のことです。

　たとえば、名目金利が１％だったとしても、インフレ率が年２％だったとしたら、「実質金利」はマイナス１％になります。

　つまり、このような状況下では、お金の価値が目減りしていたことを意味します。

「名目金利」と「物価上昇率」

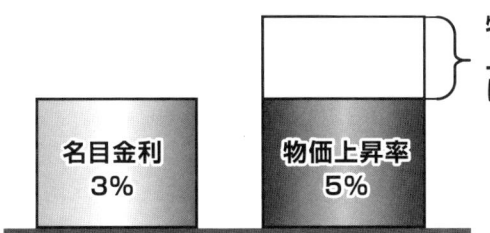

名目金利 3%　物価上昇率 5%

物価上昇率が名目金利を上回った分だけ、実質的に資産は目減りする

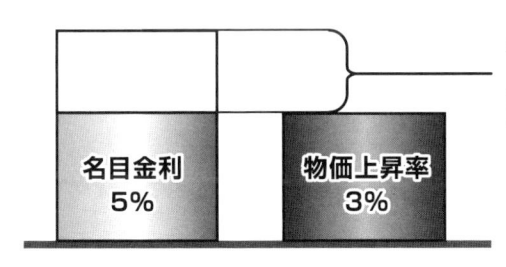

名目金利 5%　物価上昇率 3%

名目金利が物価上昇率を上回った分だけ、実質的に資産は増える

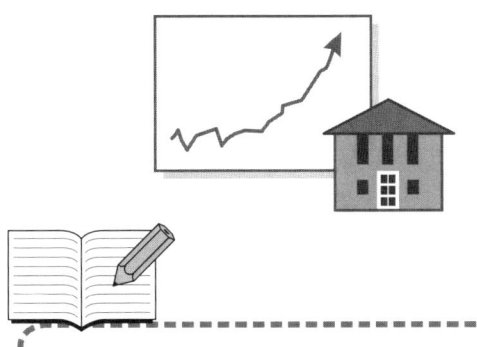

「名目金利」から物価上昇率を差し引いたものが、「実質金利」になります

PART3.これだけある！「金利」の種類

ところが、名目金利が１％で、インフレ率がマイナス２％だとしたら、実質金利は「１％−（−２％）＝３％」ということになります。
　インフレ率がマイナスということは、物価が継続的に下落しているデフレ経済であることを意味します。
　物価水準が下がれば、相対的にお金の持つ購買力は向上しますから、実質金利は名目金利以上の数字になるのです。
　「名目金利」と「実質金利」の一番大きな違いは、「名目金利」はどれだけ下がったとしても、０％を超えてマイナス金利になることはありません。しかし、「実質金利」はマイナス金利になることもあるということです。
　90年代後半に、日本がデフレ経済に陥った時、このような現象が現実のものになりました。

◯ 名目金利だけでは本質はつかめない為替レート

　さて、わざわざ実質ベースで金利を見るということには、どのような意味があるのでしょうか？
　たとえば、為替レートの決定に大きな影響を及ぼすことがあります。為替レートも金利と同じように、さまざまな要因で変動します。その中の一つが「金利差」で、より金利の高い通貨が買われる傾向が見られます。
　たとえば、日本の長期金利が１％でインフレ率がマイナス0.3％、米国の長期金利が２％でインフレ率が2.5％だとしたら、どうなるでしょうか？
　「名目金利」として挙げた長期金利を比較した場合、日本が１％で米国が２％ですから、本来であれば米ドルに買いが集まるはずです。このため、為替レートは「円安・ドル高」に向かいます。

ところが、「実質金利」で比べてみると、日本が「1％－（－0.3％）＝1.3％」であるのに対して、米国の実質金利は「2％－2.5％＝－0.5％」です。

つまり、「名目金利」では、米国の長期金利の方が上だったはずなのに、「実質金利」では、日本の長期金利の方が上になるのです。

このような状況下では、意外とドル高は進まないというケースが見られます。

言うまでもなく、これはインフレ率も加味した「実質金利ベース」では、米国よりも日本の方が高いからです。

◯→ 借金をするなら「インフレ時→有利」、「デフレ時→不利」

ところで、「インフレの時には借金が有利」、逆に「デフレの時には借金は不利」と言われます。これも「名目金利」と「実質金利」で十分に説明できます。

仮に、住宅ローンの金利が年3％だったとします。これに対して、インフレ率が年4％だったらどうでしょうか？

「3％－4％＝－1％」

で、実質金利はマイナス1％ですから、実質的に借金の負担が減っていることになります。

これとは逆に、同じ3％の住宅ローンでも、デフレで物価が年マイナス1％だったらどうなるでしょうか？

「3％－（－1％）＝4％」

で、実質金利は4％。つまり、デフレが進めば進むほど、住宅ローンの負担が重くなることがわかります。

したがって、「インフレ時の借金は有利だけれども、デフレ時の借金は不利」と言われるのです。

6 「利率」と「利回り」の違いについて見てみよう

> **ポイント**
> 単利運用する場合の収益率は「利率」、複利運用する場合の収益率は「利回り」になる。金融商品の収益率計算の基本になるので、しっかり理解しておこう。

● 100万円を5年満期の金融商品で運用した場合、「利率」が2％なら「利回り」は2.092％

「利率」と「利回り」は、混同して使われているケースがほとんどです。どちらも金融商品の収益性を示すものであることはわかると思いますが、厳密に言うと、やはり使い分ける必要があります。

「利率」は、単利計算をする場合のベースになる金利で、「利回り」は、複利計算した場合の「年平均利回り」という意味で用いられます。

たとえば、「年2％で半年複利、5年満期」という金融商品があったとします。この場合、「利率」は2％になります。でも、これを5年間運用していった場合、複利効果によって、年2％で運用した以上の「利回り」が得られることになります。

詳しくは次章で説明しますが、上記の金融商品を5年間、半年複利で運用した場合の元利合計金額は、仮に元本が100万円だとしたら、110万4,622円になります。

つまり、元本100万円に対して、5年間で10万4,622円の利息がついたわけですから、これを5で割ると、1年当たりの利息額が算出さ

「単利運用」と「複利運用」の仕組み

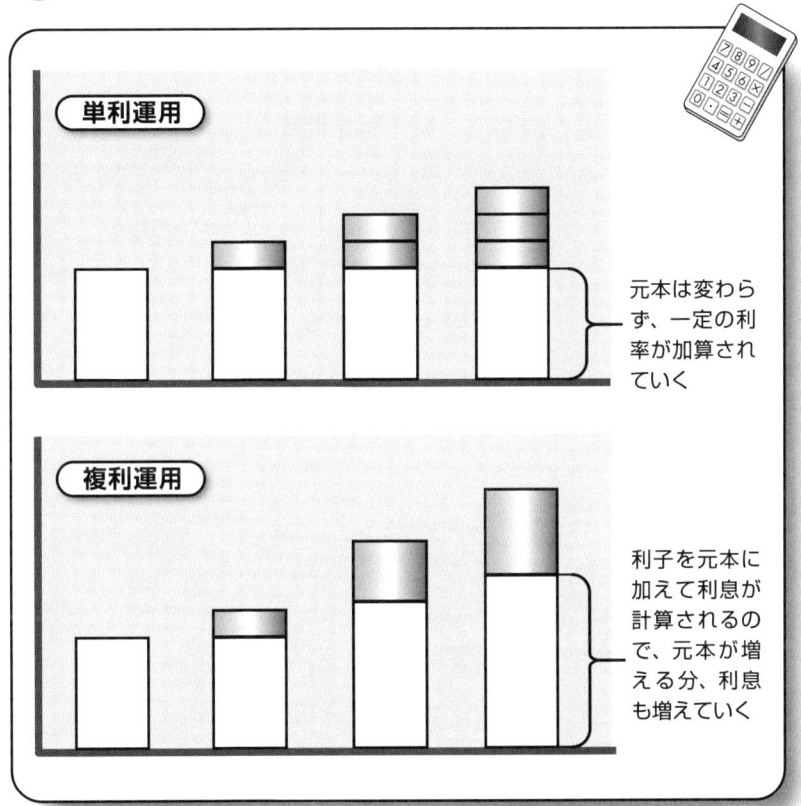

単利運用

元本は変わらず、一定の利率が加算されていく

複利運用

利子を元本に加えて利息が計算されるので、元本が増える分、利息も増えていく

れます。すなわち、

「10万4622円÷5年＝2万924.4円」

　端数が発生しますが、これは切り捨てます。

　で、この2万924円が、元本である100万円に対して何％なのかを計算すると、

「(2万924円÷100万円)×100＝2.0924％」

　つまり、年平均利回りは2.092％(小数点第4位以下は切り捨て)になります。この場合、上記の金融商品の「利率は年2％で、利回りは2.092％である」というように表現されます。

● 「利率」と「利回り」は全くの別物。惑わされないように要注意！

　他にも、利回りには、債券の「所有期間利回り」や「直利回り」、「最終利回り」など、複利運用の年平均利回りとはまた違ったものが存在します。これについては、次章で詳しく説明していきます。

　また、このように複利運用によって利回り表示が行われる金融商品としては、「ゆうちょ銀行の定額貯金」、「預入期間３年以上の銀行のスーパー定期」、「中期国債ファンド」、「ＭＭＦ」・「ＭＲＦ」といった「公社債型投資信託」、「５年物ワイド」（ただし、今後徐々に募集を停止していく予定）、「５年物ビッグ」（これも取り扱いが徐々に停止されている）などがあります。

　なお、利回りの方が利率に比べて有利な数字になることから、金融機関の窓口では、利率よりも利回りを伝えて、いかにも有利であると思わせるようなケースもありますが、利率と利回りは計算方法がまったく異なるので、同じ土俵で比較することはできません。

　一方が利率で表示されているのであれば、もう一方も利回りではなく、利率で比較するべきでしょう。

　この点は、誤解しないように注意が必要です。

→ PART 4

各投資商品の「利回り」を見てみよう

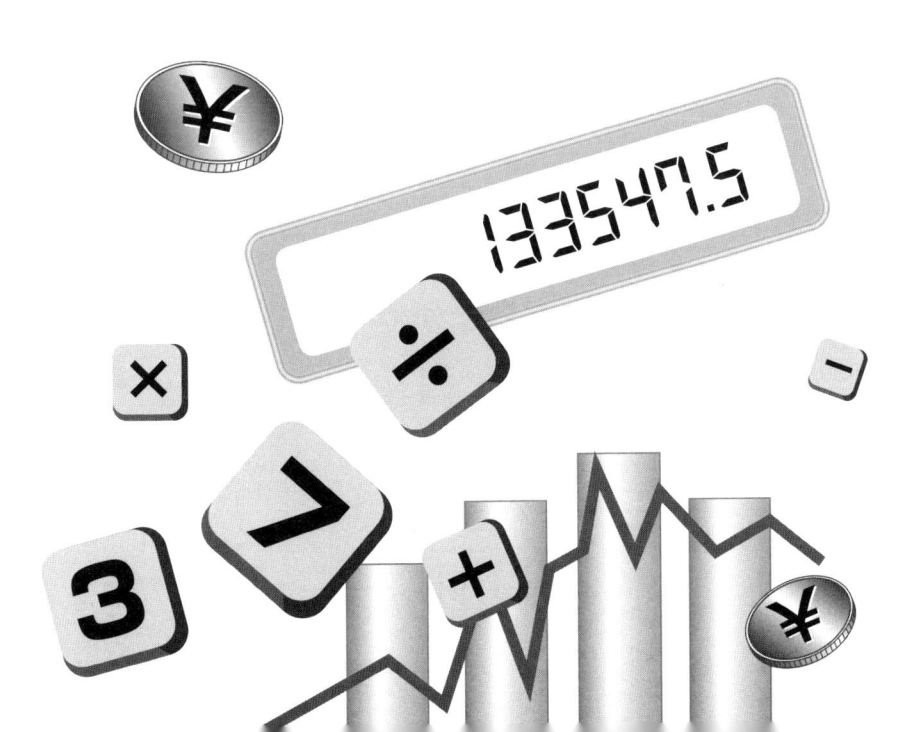

1 投資商品にあるさまざまな「利回り」の概念を知ろう

> **ポイント**
>
> 日本経済が「スタグフレーション」へ突入するのではないかと懸念されている今、預貯金だけではこれからの資産形成はおぼつかない。投資商品の「利回り」に関する知識も必要になってくる。

⇒ 低金利時代、株や債券投資も視野に入れたい

　PART3では、主に預貯金を中心にして、さまざまな金利の種類について説明してきました。

　しかし、これからの時代は、預貯金だけでインフレリスクをヘッジすることは困難になってきます。

　日本経済は、本格的なスタグフレーション時代（経済が停滞、つまり不況局面にあるにもかかわらず、物価が上昇する）を迎える恐れがあるからです。

　26ページで説明したように、スタグフレーションの下では、物価水準が上昇しても、金利が上がりにくい状況に追い込まれるかもしれません。つまり、預貯金だけでスタグフレーションのリスクをヘッジすることはできないかもしれないのです。

　そうなった時、やはり頼りになるのは、株式や債券などの投資商品です。

さまざまな「金融商品」の収益率を見てみよう

定期預金	利率	3年以上の預入期間になると複利運用になるため、年平均利回りで表示されるケースが多い
	表面利率	クーポンレートのこと。表面利率に応じて利子が支払われる
債券	所有期間利回り	債券を保有している期間中の利回りのこと
	応募者利回り	新規発行の債券を購入し、償還を迎えるまで保有した場合の利回り
	最終利回り	すでに発行され、流通市場で売買されている債券を購入し、償還まで保有した場合の利回り
	直接利回り	毎年受け取れる利子が、購入時の債券価格に対して何%なのかを示した利回り
株式	配当利回り	購入時の株価に対する配当金の利回り
	優+配当利回り	株主優待と配当金を足した額が、購入時の株価に対して何%になるかを示した利回り
	総合利回り	配当金と値上がり益、株式分割などを総合して、現在の株価に対してどの程度の収益率かを示した利回り
	株式益利回り	投資家が投下した資金に対して、その会社がどのくらい稼いでくれるのかを示した利回り
投資信託	騰落率	投資信託の基準価額が、一定期間中にどのくらい値上がりしたのか、または値下がりしたのかを示すもの
	分配率	MMFやMRFなどの公社債型投資信託から得られる分配金が、元本に対してどのくらいなのかを示したもの。7日間平均分配額を年換算して求められる
FX	スワップポイント	内外金利差をベースにして受け払いされる金利差調整分のこと
不動産	表面利回り	賃貸物件から得られる年間の賃貸料を、物件の購入価格で割ったもの
	実質利回り	物件を維持するのにかかる年間の諸経費を加味して求められる利回り
保険	予定利率	運用によって得られるであろう収益額を前提にして、保険料を割り引く際に用いられる利回り

これらの投資商品の収益性を示す数字には、いろいろなものがあります。

たとえば、株式だけとって見ても、「配当利回り」や「優＋配当利回り」、「総合利回り」、「株式益利回り」などがあります。

債券の場合はもっと多くて、「表面利率」に「所有期間利回り」、「応募者利回り」、「所有期間利回り」、「最終利回り」、「直接利回り」など、利回りのオンパレードです。

⮕ 投資商品特有の収益を示す数字を理解しよう

実際に、これから投資をしようと考えているのであれば、最低でも、これら投資商品ごとに特有の収益性を示す数字の意味を理解しておく必要があります。

たとえば、もし投資信託を買おうとした場合、あなたは3000本以上あるファンドの中から、自分で「これだ！」と思えるファンドを選ぶ必要があります。

実際に、投資信託（投資ファンド）を選ぶ場合の判断基準として、まずは過去の運用実績は必要でしょう。

投資信託の場合、常に基準価額が変動していますから、時には運用成績がマイナスになることもあります。

このように、基準価額が一定期間中にどのくらい上昇（もしくは下落）したのかを見るための数値が、「騰落率」（128ページ参照）なのです。

また、「騰落率」をファンド選びの判断材料にするのであれば、当然のことですが、
●騰落率が何を意味しているのか？
●その数値にはどのようなクセがあるのか？

ということを知っておかなければなりません。

投資信託は、預貯金とは違って元本保証はなく、騰落率もその時どきのマーケットの状況に応じて変動しますから、それを見る場合の勘どころをしっかり押さえておく必要があります。

⮕ 数字を理解することは、資産の保持＆安定運用の第一歩になる！

本章では、個人でも取引できる投資商品を中心に、その収益率を見る際のポイントについて考えていきます。

株式にしても、投資信託にしても、あるいは債券投資、外貨預金、ＦＸ（外国為替証拠金取引）など、投資商品にはさまざまな種類がありますが、それぞれ収益率を表す数値が異なるものもあり、特徴があります。

その違いをきちっと整理しておくことが、スタグフレーション時代の資産運用で成功するポイントになります。

計算式などが出てくるため、特に「算数が不得意」「数字が苦手」という人には読みにくいかもしれませんが、極端に難しいということは決してありません。

これを理解しているのとしていないのとでは、資産運用の成功率が大きく変わってくるので、ぜひマスターしてください。

2 「株式投資」の収益率を考える①【配当利回り】

> **ポイント**
> 配当金の額を、現在の株価で割って求めた数値が、株の「配当利回り」である。配当金はより高ければ有利だが、「高いほどよい会社」とは言い切れない部分もあるので、きちっと企業の実態にも目を向けること。

● 株式会社は株主に「配当金」等を払う義務を負う

　会社が事業を行う場合、いろいろとお金が必要になります。

　その会社がメーカーであれば、モノを作るための設備が必要になりますし、当然ながら、従業員も雇わなければなりません。これらすべてにおいて、お金が必要になってきます。

　もちろん、このお金を銀行から借り入れるという方法もありますが、借りたお金は返さなければなりません。借りたお金を返すのは、当然と言えば当然ですが、外部から調達したお金を返済せずにすむ方法もあります。

　それが「株式上場」です。

　株式会社の場合、自社の株式を証券取引所に上場することによって、それを買った投資家から資金を調達することができます。

　しかも、株式発行によって調達した資金は、全額自己資本に組み入れられることからもわかるように、返済する義務がありません。

「配当利回り」ランキング（2009年7月2日現在）

順位	上場市場	銘柄名	配当利回り
1	東1	日本製紙グループ本社	163.23%
2	東1	京都きもの友禅	151.85%
3	大1	日本製紙グループ本社	142.50%
4	東1	八千代銀行	119.29%
5	名1	東日本旅客鉄道	107.66%
6	東1	ラウンドワン	105.54%
7	大1	ラウンドワン	104.66%
8	大1	東日本旅客鉄道	93.83%
9	東1	東日本旅客鉄道	92.58%
10	JQ	エース交易	9.55%
11	東マ	情報企画	9.31%
12	大2	シャルレ	8.80%
13	JQ	ウィズ	8.21%
14	名1	ダイドーリミテッド	8.16%
15	大1	日本エスリード	7.78%
16	JQ	マックハウス	7.35%
17	JQ	KVK	7.32%
18	大1	三共生興	7.23%
19	JQ	パレモ	7.22%
20	JQ	アールシーコア	6.94%

株式を購入した投資家は、それを現金化する必要がある場合、株式市場を通じて、他の投資家に売却すればいいのです。会社側からすれば、返済する義務のない資金を調達できるのですから、株式はまさに〝打出の小槌〟です。
　ただし、株式を買ってくれた投資家（株主）に対して、会社の経営内容を開示するとともに、もし決算を迎えて利益が出ていた時は、その一部を株主に還元する義務があります。
　この株主への利益還元が、「配当」や「株主優待」などです。

⊃ 配当利回りは、株価 or 配当金自体の上下で常に変動する

　株式の銘柄を選ぶ際には、いろいろな選択基準があります。これから詳しく説明する「配当利回り」も、その一つです。
　「配当利回り」とは、その会社の1株当たりの年間配当額を、現時点の株価で割って求められるものです。
　たとえば、1株当たりの年間配当額が70円という銘柄があり、その銘柄の現在の株価が5,000円だとすると、配当利回りは以下になります。
　「（70円÷5,000円）×100＝1.4％」
　この計算式からわかると思いますが、仮に配当額が一定だったとしても、株価が上下することによって、配当利回りは変動します。
　たとえば、配当金額が70円で同じだったとしても、株価が4,500円に値下がりしたら、この銘柄の配当利回りは1.5％に上昇します。逆に、株価が6,000円まで値上がりしたら、配当利回りは1.16％まで低下します。
　株価だけでなく配当金額の上下も、もちろん配当利回りに影響を及ぼします。その年は経営が苦しいので、配当金額を減らすということになれば、配当利回りが低下する恐れがありますし、逆に業績が絶好

調で配当金額を増額することになれば、配当利回りが向上する可能性が浮上してきます。

一方、業績を織り込んで株価は上下しますが、配当金額が減ったからといって、一概に配当利回りが低下するとは限りません。

たとえば、減配（配当金額が減ること）のニュースとともに、その会社の株が大きく売り込まれて株価が急落したため、結果的に、配当利回りはそう大きく下げなかったというケースも考えられます。

⇨ 高配当の会社ほど、〝倒産危機〟に直面しているケースも!?

話を戻しましょう。それでは、「配当利回りは高いほどよい」のでしょうか？

確かに、配当利回りが高ければ高いほど、株価との比較において、定期的に入ってくる配当収入の魅力が高いと言えますが、あまりにも配当利回りが高い銘柄には、注意した方がいいでしょう。

銘柄スクリーニングをすると、配当利回りが10%超の銘柄も少なくありません。しかし、この手の銘柄の大半は、経営面で「優良銘柄」というにはほど遠い存在であるのが普通です。中には〝倒産寸前〟という会社も存在します。

前述したように、配当利回りが高いということは、株価が大きく売り込まれて、額面割れの水準まで値下がりしているケースも想定されるのです。その行き着く先は「倒産」だったりします。

いたずらに配当利回りの高さにばかり注目して銘柄を選ぶと、この手のリスクに直面する恐れがあります。

株式は、それを発行している企業が破綻すると、ただの紙切れになるリスクがあることを十分理解した上で、配当利回りが高い銘柄は、特に注意して選ぶ必要があります。

3 「株式投資」の収益率を考える②【優+配当利回り】

> **ポイント**
> 株主還元に対する関心が高まっているだけに、「優+配当利回り」に対する注目度もより高まっているが、不況下では、真っ先に株主優待がカットされるケースも多くなっている。

●「株主優待」の充実は個人株主を取り込む戦略

「優（株主優待）+配当利回り」は、前述した配当金額に株主優待の金銭価値を加えたものを、現在の株価で割って求められるものです。

株主優待とは、株主に自社製品・サービスのよいところを理解してもらうために、株主の持ち株数に応じて、製品やサービス利用券などを贈るというものです。

株主にもっと会社のことを知ってもらい、応援団になってもらおうという意図がその背景にあります。

もともと日本企業の多くは、株主優待をはじめとする株主還元には消極的でした。というのも、発行している株式の多くは、「株式持合い構造」の中で、銀行や生命保険会社などの機関投資家に保有されていたからです。

ところが、バブル経済が崩壊して、銀行の不良債権問題が深刻化すると、銀行や生命保険会社はこれ以上、株式持合いを維持するのが困

「優＋配当利回り」ランキング（2009年7月2日現在）

順位	銘柄名	優＋配当利回り	株主優待
1	イマージュホールディングス(東証)	94.67%	8,000円相当の自社グループ販売化粧品
2	イマージュホールディングス(大証)	90.91%	8,000円相当の自社グループ販売化粧品
3	スリープログループ	49.60%	21,000円相当のサービス利用券(3,000円×7枚)
4	ビーアイジーグループ	44.20%	2,000円相当の自社グループ会社(直営ヘアサロン、アパレルブランドショップ)割引券各1枚
5	マルヤ	38.83%	株主優待割引券(100円)
6	焼肉屋さかい	37.04%	優待券(500円)
7	GABA	34.43%	割引券1枚
8	プライム	31.45%	クイズ正解者の中から抽選で5名に15万円相当の旅行券
9	インテリジェント ウェイブ	26.73%	ウイルス対策ソフト「ウイルスチェイサー」年間更新料(1,995円)5ライセンス分無料
10	ウェアハウス	26.14%	ウェアハウス優待券10枚(5,000円相当)
11	家族亭	25.92%	6,000円相当の優待食事券(500円×12枚)
12	GMOインターネット	24.94%	5,000円相当の自社およびグループ会社サービス利用券、または1年間ドメイン利用料無料券
13	かんなん丸	22.26%	優待食事券(500円)
14	ワオ・コーポレーション	21.04%	優待割引券
15	ベリテ	20.83%	10,000円相当の自社商品券(5,000円×2枚)
16	STEILAR C.K.M	20.00%	特別割引券(500円)
17	ハニーズ	19.37%	自社商品引換券(500円)
18	総医研ホールディングス	18.72%	買物優待券
19	ジャパンベストレスキューシステム	18.46%	5,000円相当の自社サービス割引券
20	エムジーホーム	18.18%	10,000円相当の全国百貨店共通商品券

PART4.各投資商品の「利回り」を見てみよう

難になり、持合い解消の動きが一気に広まりました。

　そんな中、多くの企業が機関投資家に代わる株式保有者として注目したのが、個人投資家だったのです。

　結果、企業は個人株主の持ち株比率を高めようと、株主優待をより充実させるようにしました。

　折しも、2003年以降の景気回復局面で、ネット証券会社を中心に個人投資家層が拡大の兆しを見せたこともあり、「株主優待」が大いに注目を集めたのです。

　「優＋配当利回り」は、まさにこのような時代背景の中で、新しく注目を集めてきた株式指標の一つです。

　計算方法はごく簡単。配当利回りを求める時の計算式の応用になります。要するに、配当利回りを計算する際の年間配当金額に、1年間で受け取ることができる株主優待の額を加算すればいいのです。

　ただし、この計算をする場合は、1株当たりで計算するのではなく、1単元当たりで計算します。計算式は次のようになります。

　「｛（1単元当たりの配当金額＋1単元当たりの株主優待額）÷現在の1単元当たりの投資金額｝×100」

　仮に、現在の株価が5,000円で、1単元の株数が100株。1株当たりの配当金額が70円で、1単元当たりの株主優待額が6,000円相当だったとします。この場合、1単元当たりの投資金額が、

　「5,000円×100株＝50万円」

　そして、1単元当たりの配当金額が、

　「70円×100株＝7,000円」

　ということになります。

　それぞれの数字を計算式にあてはめていくと、

　「｛（7,000円＋6,000円）÷50万円｝×100＝2.6％」

　つまり、この銘柄の「優＋配当利回り」は、年2.6％ということに

なります。

　当然、株主優待の額が高額になるほど、「優＋配当利回り」は向上する可能性がありますし、一方で、株価の上昇・下落も、この利回りに影響を及ぼします。この点は、配当利回りを見る場合と同じです。

⮕ 不況下、真っ先に取りやめになるケースが続出

　ただ、いくつかの注意点があります。

　まず、企業の経営が苦しくなってきた時、株主優待は真っ先にリストラの対象になります。言うなれば、株主優待も自社のＩＲ（Investor Relations）や広告宣伝と同じ意味を持つものなので、会社がさまざまな経費削減を考えた時、真っ先にカットの対象になるのです。

　特にリーマンショックが発生した2008年秋口以降、今まで定期的に株主優待を行っていたのに、株主優待のグレードを落としたり、株主優待そのものをなくしてしまった企業が出てきました。

　つまり、「優＋配当利回り」は企業業績が悪化すると、低下傾向をたどる可能性があるということです。

　次に、株主優待と言っても、金額ベースで計算しにくいものもあること。

　たとえば、「8,000円相当の自社製品」「3,000円相当の自社製品購入割引券」というように、金額が明示されたものであれば、利回り計算をする際に必要な株主優待の時価を把握できますが、中には、金額を把握しにくいものもあります。

　このように、換算金額の測定が不可能であることから、すべての銘柄にこの利回りが適用されるとは限りません。アイデアとしては面白いのですが、すべての銘柄に適用するのが困難という点において、国内株式市場共通の投資尺度にはなりにくいと言えます。

4 「株式投資」の収益率を考える③【総合利回り】

> **ポイント**
>
> 「総合利回り」とは、株式の値上がり益も含めた総合的な利回りのことだが、将来の株価の上昇・下落は誰にも予測できない。それだけに、利回りとしてブレが非常に大きなものとなる。

◯ 株式の収益性はトータルで見てはじめてわかる

株式に投資した場合の収益は、
- 「配当金から得られる部分」
- 「株式(株価)そのものの値上がり益から得られる部分」

とに、大きく分けることができます。

「総合利回り」とは、株式投資の採算を計る際に用いられる利回りで、配当金と値上がり益、それに株式分割を加えて計算されるものです。

配当利回りは、あくまでも配当金額が現在の株価に対してどのくらいの利回りかを見るためのもので、ここには、株式分割や株価の値上がり益という概念が含まれていません。

しかし、株式投資は、配当金額の多寡のみで取引するものではなく、株価の値上がり益や分割も含めて、トータルで収益性を計るものです。そのためにあるのが「総合利回り」という概念です。

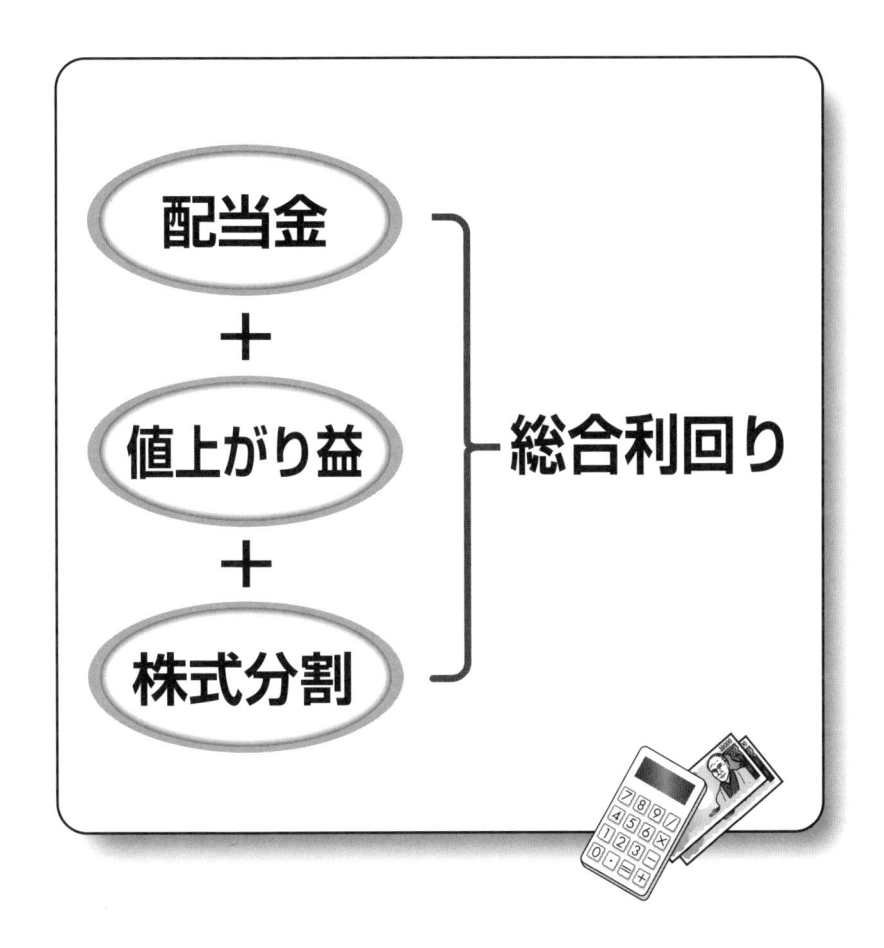

株式の「総合利回り」とは？

配当金 ＋ 値上がり益 ＋ 株式分割 ＝ 総合利回り

⮕ 配当利回りは小さいが、株価値上がり効果で「総合利回り」がグンと跳ね上がった

　たとえば、購入時の株価が2,000円で、それを１年間保有した結果、3,000円まで値上がりしたとしましょう。
　この間、受け取った配当金の額は１株当たり50円でした。なお、１単元当たりの株数は100株になります。
　この場合、値上がり益は、
「3,000円－2,000円＝1,000円」
となります。
　すると、１単元当たりの取引株数は100株ですから、
「1,000円×100株＝10万円」
　これが、「キャピタルゲイン」（株式や債券などの価格上昇による利益）」になります。
　加えて、年間配当金額が１株当たり50円ということは、100株だと、
「50円×100株＝5,000円」
となります。
　ということは、この銘柄を１年間保有したことによって、10万円のキャピタルゲインと5,000円の配当金の合計で10万5,000円という利益を得たことになります。
　したがって、この銘柄を１年間保有した場合の「総合利回り」は、
「10万5,000円÷20万円×100＝52.5％」
ということになります。
　この銘柄は、配当利回りだけだと、わずか2.5％でしかありませんが、株価の値上がりによる効果が大きく、「総合利回り」は52.5％にまで引き上げられたというわけです。

⊃「総合利回り」の問題点

　ただし、「総合利回り」には、大きな問題点が一つあります。
　総合利回りの場合、株価の値上がり益を加えて計算することはすでに説明したとおりですが、株価というものは、その時どきによってどう動くかわかりません。
　たまたま今回の計測期間では景気がよかったため、株価も順調に値上がりして、「総合利回り」もよかったと言えます。
　逆に、景気がどんどん悪くなって株価も値下がりしているような状況だと、「総合利回り」は、とたんに大きく悪化してしまいます。
　それとともに、過去につけた株価は、あくまでもその時どきの経済状況の下で形成されたものであり、今後も同じ状態が再現されるとは限りません。
　経済の構造が時々刻々と変わっている以上、「株価には再現性がない」と考えるのが妥当です。
　したがって、過去の総合利回りがよかったからと言って、それが今後も続くという保証はどこにもなく、自分が購入したとたんに、総合利回りが急激に悪化することもありえるのです。
　その意味では、銘柄を選ぶ際の判断基準として用いるのは、やや無理があると思われます。

5 「株式投資」の収益率を考える④【株式益利回り】

> **ポイント**
>
> 長期金利との比較で、「株式投資が有利なのか？」それとも「不利なのか？」を判断するための指標になる。株主が投下した資金に対して、企業がどのくらい稼いでくれたのかを見る。

● １株当たり年間税引き利益÷株価＝「株式益利回り」

　株式投資の尺度の一つに、「ＰＥＲ（株価収益率）」があります。

　これは、１株当たりの年間税引き利益に対して、株価が何倍まで買われているのかを示すもので、

「株価÷１株当たり年間税引き利益＝ＰＥＲ」

という計算式で求められます。

　たとえば、１株当たり年間税引き利益が70円の企業の株価が1,000円だとしたら、

「1,000÷70＝14.28」

で、この会社の「ＰＥＲは14.28倍」ということになります。この数字が低いほど、株価は割安に放置されていると考えられます。

　「株式益利回り」は、このＰＥＲの逆数になります。つまり、ＰＥＲの計算式が上記のものだとすると、「株式益利回り」を求めるための計算式は、

「PER」&「株式益利回り」の計算方法

$$PER = \frac{株価}{1株当たりの年間税引き利益}$$

株式益利回り

$$= \frac{1株当たりの年間税引き利益}{株価}$$

「1株当たり年間税引き利益÷株価＝株式益利回り」
　ということになります。
　この計算式にあてはめると、先の例に挙がっている会社の「株式益利回り」は、
「(70円÷1,000円)×100＝7％」
　つまり、この会社の「株式益利回りは7％」ということになります。
　では、株式益利回りは、どういう場面で、どういう判断に基づいて使われるのでしょうか？
　上記の計算式からもわかると思いますが、「株式益利回り」とは、投資家が投下した資金に対して、「その会社がどのくらい稼いでくれているのか？」ということを、利回り表示したものです。

もちろん、会社が稼いだ利益は、その会社に勤める従業員の給料になりますが、究極的に言えば、「会社の利益は株主のもの」と考えることができます。

◉「イールド・スプレッド」の考え方に基づき、株式投資をするか判断する

　その発想で、会社の利益を利回りとして考えたのが、「株式益利回り」になります。

　株式益利回りを投資尺度として用いる場合は、「イールド・スプレッド」という考え方に基づいて判断します。

　「イールド・スプレッド」とは、「長期国債利回り」と「株式益利回り」を比較したものです。

　具体的には、長期国債利回り（一般に10年物国債の利回りを適用）から、株式益利回りを差し引くことによって、その数字（イールド・スプレッド）が低くなるほど、「株式は割安であり、債券よりも株式を買った方が有利」という判断が成り立ちます。

　それとは逆に、イールド・スプレッドが高くなった場合には、「株式は割高であり、株式よりも債券に投資した方が有利」ということになります。

　ただ、ここ数年、イールド・スプレッドが、株式投資の判断材料として用いるのが難しくなってきたのも事実です。

　なぜなら、長期国債の利回りが長きにわたって低い水準に張り付いているため、株式益利回りと比較した際の数字が、マイナスになってしまうからです。

　これまでの経験則では、イールド・スプレッドがマイナスになることがなかっただけに、その概念が、投資判断を下す材料として妥当なものなのかどうか、難しいところです。

「イールド・スプレッド」の考え方

長期国債利回り－株式益利回り
＝イールド・スプレッド

イールド・スプレッド低
＝債券に比べて株式が割安

イールド・スプレッド高
＝債券に比べて株式が割高

6 「投資信託」の収益率を考える①【騰落率】

> **ポイント**
> 基準価額が一定期間中にどのくらい値上がり（値下がり）したのかを示すもの。過去の騰落率が高いファンドが優秀だとは一概に言えない面もあるので注意。

⊃ 「騰落率」は、あくまで過去の実績に過ぎない

　投資信託は、預貯金と違って確定利付きの商品ではありません。投資対象は国内外の株式や債券が中心で、その運用実績は、投資先マーケットの値動きに左右されます。

　そのため、預貯金のように利率という概念はなく、あくまでも過去の運用実績を表示するのみになります。

　この投資信託の運用実績を示すものが「騰落率」です。文字どおり、投資信託の時価（これを「基準価額」と言う）がどれだけ上がったのか、あるいは下がったのかを表しています。

　「騰落率」は、現時点を基準にして、たとえば、過去1年、過去3年というように、一定の期間中にどれだけ基準価額が値上がりしたのか、あるいは値下がりしたのかを、「％」で表示します。

　仮に、現在の基準価額が1万2,000円、1年前の基準価額が1万5,000円、3年前の基準価額が8,000円だとします。この場合、同ファンドの過去1年間の騰落率は、

投資信託の実績を示す「騰落率」

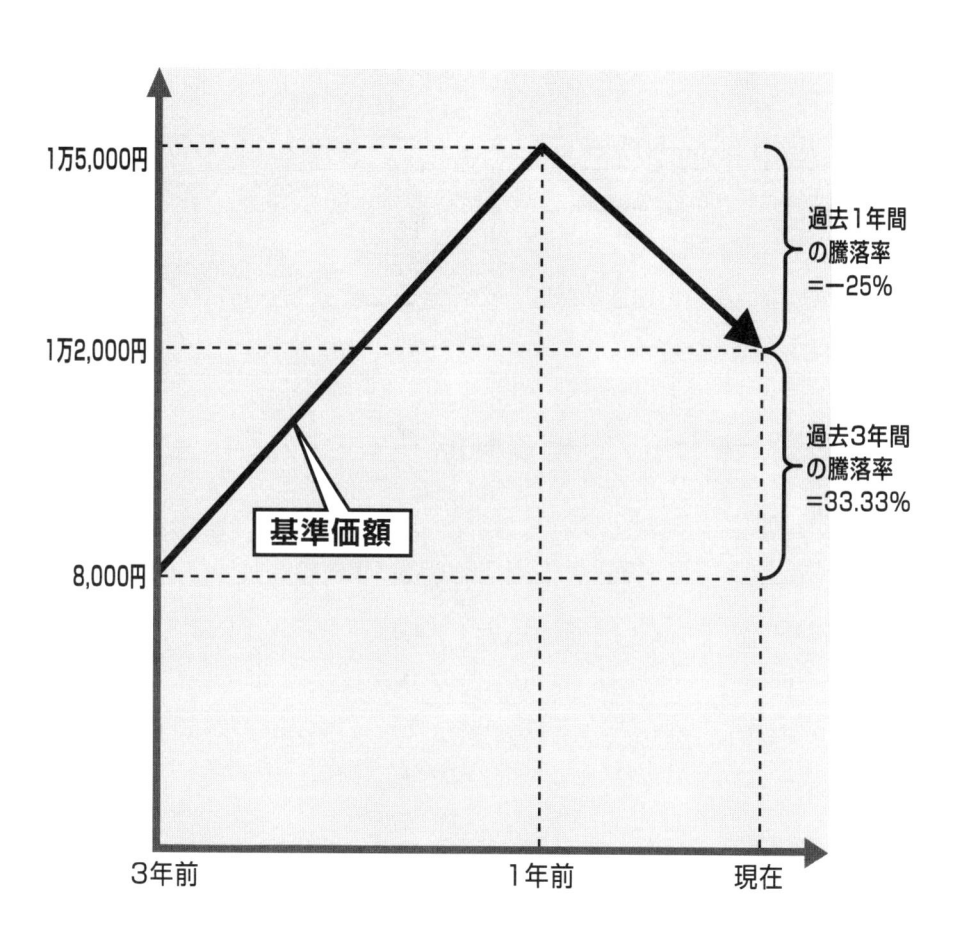

- 1万5,000円
- 1万2,000円
- 8,000円
- 3年前
- 1年前
- 現在

基準価額

過去1年間の騰落率＝－25％

過去3年間の騰落率＝33.33％

「{(現在の基準価額－1年前の基準価額)÷現在の基準価額}×100」

という計算式で求められます。実際に数字を当てはめてみると、次のようになります。

「{(1万2,000円－1万5,000円)÷1万2,000円}×100＝－25.00%」

同じように、過去3年間の騰落率を計算すると、

「{(1万2,000円－8,000円)÷1万2,000円}×100＝33.33%」

つまり、このファンドの騰落率は、過去1年で25%のマイナス、過去3年だと33.33%のプラスになります。

騰落率を見る場合の注意点は、あくまでも過去の運用実績に過ぎないということです。

⮕「騰落率」だけで投資判断をするのはキケン

上記の例で説明すると、同ファンドは過去3年間で33.33%の上昇となっていますが、今後3年間も同じ率で上昇する保証はどこにもないのです。未来の騰落率がどうなるのかは、誰にもわからないということです。

マネー雑誌などを見ると、時どき、「騰落率ランキング」というものが掲載されています。

要は、一定期間中に「最も値上がりしたファンドは何なのか？」というのが一目瞭然になっているわけですが、これをファンド選びの判断材料にするのは、いささか危険です。

仮に、過去1年間の騰落率が50%で、騰落率がトップになったファンドでも、これから1年先に、50%以上の騰落率を維持できるとは限らないからです。

逆に50%のマイナスになり、それまでのリターンを全部失ってしまうケースもありえるのです。

⊃「騰落率」を活用する際のコツとは？

　では、投資信託を選ぶ際、過去の運用実績はまったく意味をなさないのかというと、実はそうではありません。「騰落率」は、それを見る際にちょっとしたコツがあるのです。

　先の例で説明すると、同ファンドの騰落率は、過去３年間で33.33％上昇し、過去１年間では25％下落しています。

　つまり、３年前の基準価額と１年前の基準価額を比較すると、同ファンドの基準価額は、33.33％＋25％＝58.33％の上昇となったものの、現時点から１年前をピークに下落トレンドに入り、１年間で25％下落した結果、３年前と現在の基準価額を比べると、33.33％の上昇にとどまったということになるのです。

　もちろん、３年前と１年前の間には、その時どきのマーケットの変動によって、基準価額は上下動を繰り返していますが、それを無視して直線で基準価額の推移を表現すると、３年前から１前までは右肩上がりの上昇トレンド、そして１年前から現在にかけては、右肩下がりの下落トレンドという損益ラインを描くことができるのです。

　では、次のような騰落率のファンドは、どういう損益ラインを描いたのでしょうか？

●過去１年間騰落率＝＋70％
●過去３年間騰落率＝＋20％

　過去１年間で70％も上昇したにもかかわらず、過去３年間で見ると20％しか上昇していません。ということは、３年前から１年前までに基準価額はかなり大きく下落したことがわかります。騰落率にして、この間に基準価額が50％下落したことが見えてくるのです。

　この手のファンドは、かなり値動きが荒い特性を持っているということが、これらの数字から見てとれます。

➡「基準価額」の値動きをグラフでチェック！

　では、このようなケースはどうでしょうか？
●過去1年間騰落率＝＋10％
●過去3年間騰落率＝＋20％

　この場合、過去1年間で10％基準価額が上昇した結果、過去3年間では20％上昇しているわけですから、比較的値動きが〝おとなしい〟と判断する人もいるでしょう。

　ただ、騰落率の場合、現時点から見て過去1年間、過去3年間というピンポイントの基準価額をベースにして、その上昇率・下落率を示していますから、たとえば、3年前と1年前の間の2年間に、どのくらいの値動きがあったのかという点が見えてきません。

　最初のケースの場合は、過去1年間で70％も上昇していますから、ある程度、値動きが荒いということは想像できます。

　しかし、このケースでは、3年前と1年前の2年間で基準価額が大きくブレたにもかかわらず、両時点での基準価額を比べたら、たまたま10％の上昇に過ぎなかったということも考えられます。

　つまり、騰落率を見ているだけでは、基準価額の値動きのイメージをつかむことはできても、本当の値動きの実態を把握するのは難しいのです。

　ですから、最終的には、基準価額の値動きをグラフで表したもので判断することになります。基準価額の上下動が大きなファンドは、それだけリスクが高く、逆に、上下動が小さなファンドは、リスクが低いという判断が成り立ちます。

　投資信託を選ぶ際には、こうした基準価額の値動きをグラフでチェックして、自分が許容できるリスクのファンドを選ぶようにすることが大切です。

「騰落率」だけでリスクを判断するのは難しい

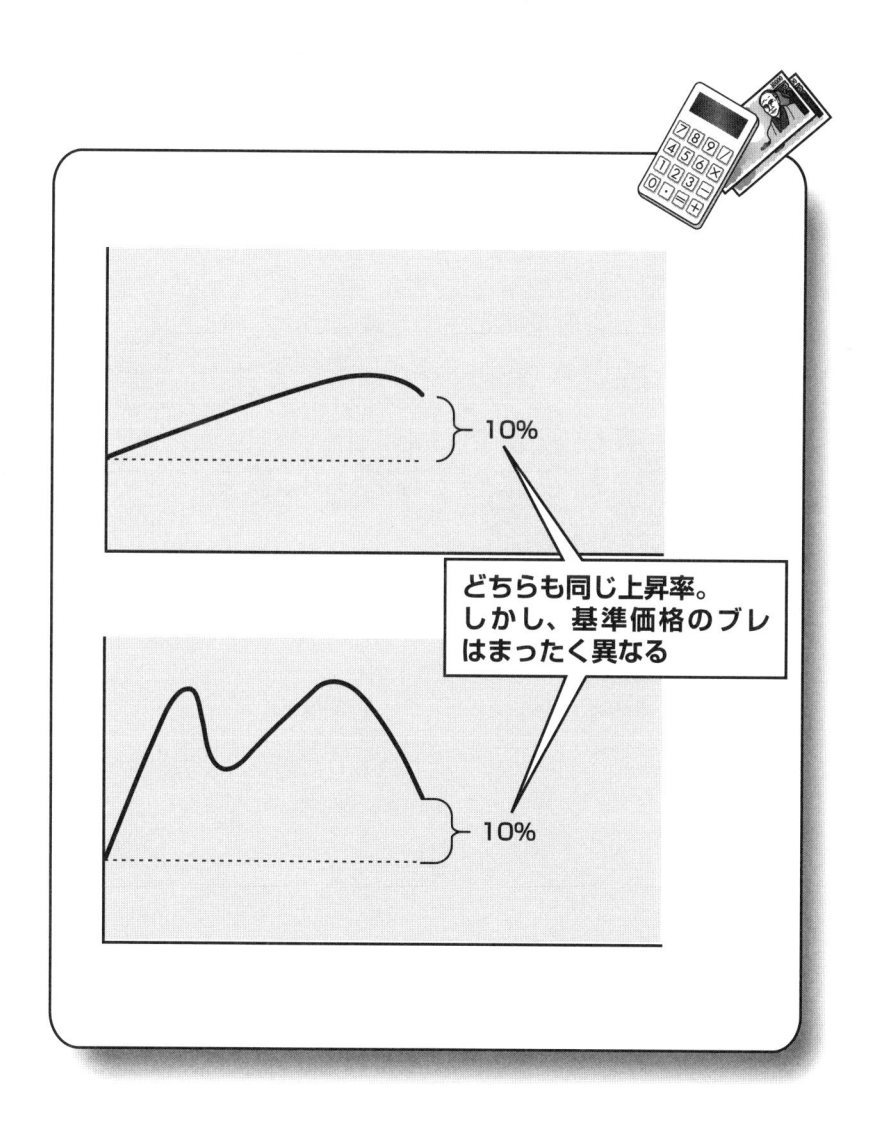

どちらも同じ上昇率。
しかし、基準価格のブレ
はまったく異なる

10%

10%

PART4.各投資商品の「利回り」を見てみよう

7 「投資信託」の収益率を考える②【分配率】

> **ポイント**
> 「分配率」は、公社債型投資信託の収益率を把握する上で用いられる。預貯金の利率とは違い、あくまでも過去の実績。将来のリターンを保証するものではない。

◯「公社債型投資信託」は、株式投資などと比べてはるかに安全

　投資信託の中には、日々の利益をすべて分配金として支払うタイプのファンドもあります。ＭＭＦやＭＲＦなどの公社債型投資信託がそれです。

　公社債型投資信託は、株式や外貨建て資産など、価格が大きく変動するものには一切投資しません。投資先は、国内の「円建て債券」「コール」「ＣＤ」などの短期金融商品が中心です。

　この手のファンドの特徴は、預貯金に近い元本安全性を持っているということです。

　もちろん、投資信託ですから、銀行預金のように元本は保証されていません。ですが、ファンドに組み入れられている資産は、すべて元本安全性の高いものばかり。

　このため、株式投資信託などに比べると、はるかに元本を割り込む危険性が低いのです。

　ここでは、「ＭＭＦ」を例に挙げて説明していきましょう。

MMFの「実績分配率」

運用会社	商 品 名	実績分配額	年換算利回り	期　間（2009年）
野村	野村MMF(マネー・マネージメント・ファンド)	0.0422円	0.1540%	8/22～8/28
大和	ダイワMMF(マネー・マネージメント・ファンド)	0.0474円	0.1730%	8/22～8/28
新光	新光MMF	0.0450円	0.1642%	8/22～8/28
みずほ	MHAMのMMF	0.0542円	0.1970%	8/22～8/28
T＆D	大同のMMF(マネー・マネージメント・ファンド)	0.0657円	0.2398%	8/22～8/28
国際	国際のMMF(マネー・マネージメント・ファンド)	0.0535円	0.1950%	8/22～8/28
ソシエテジェネラル	りそなMMF	0.0314円	0.1147%	8/22～8/28
農中全共連	JAのMMF	0.0928円	0.3387%	8/22～8/28
トヨタ	トヨタMMF	0.0362円	0.1321%	8/22～8/28
インベスコ	MONEYKitベーシック(円)	0.0400円	0.1460%	8/22～8/28
野村	野村MMF(確定拠出年金向け)	0.0417円	0.1520%	8/22～8/28
岡三	日本パーソナルMMF	0.0571円	0.2084%	8/22～8/28
三菱UFJ	S-MMF(マネー・マネージメント・ファンド)	0.0268円	0.0978%	8/22～8/28
日興	日興MMF(マネー・マネージメント・ファンド)	0.0601円	0.2190%	8/22～8/28

「MMF」は、前述したように、コールやCDなどの短期金融資産、短期国債などを中心に組み入れて運用します。購入時の基準価額は1万円です。

そして、毎日決算を行い、そのつど、1万円の基準価額を上回った収益部分については、全額を分配金として支払っていきます。

たとえば、その日の運用が終わった時点の基準価額が1万5円であれば、そこで決算をして5円を分配金として支払い、翌日には基準価額が1万円になるという計算です。

これを毎日繰り返していきますから、投資家は常に1万円の基準価額で、MMFを購入することになります。

⇨「分配率」の求め方を見てみよう

「分配率」とは、「分配金額が元本に対して何%なのか？」を年率で表示したものです。MMFやMRFの場合、過去7日分の平均分配金額を年率換算します。

たとえば、次のように分配金が支払われたとしましょう。
- 1日目…………0.051円
- 2日目…………0.053円
- 3日目…………0.052円
- 4日目…………0.055円
- 5日目…………0.050円
- 6日目…………0.049円
- 7日目…………0.055円

7日間の合計分配金額は、0.365円。この1日平均は、
「0.365円÷7日＝0.052円」

ですから、365日分だと18.98円。これが元本1万円に対して何%

かというと、

「(18.98円÷1万円)×100＝0.189％」

つまり、年率0.189％になります。

ＭＲＦの計算式も、これと同じです。

ＭＭＦとＭＲＦは、実績分配型の公社債型投資信託です。この0.189％という分配率も、過去7日間の平均値になります。したがって、今後もこの分配率が続くという保証はありません。

もちろん、前述したように、公社債型投資信託といえども預貯金のように元本保証ではありませんから、元本を割り込むリスクもゼロというわけではありません。事実、過去において、ＭＭＦに元本割れが発生したこともありました。

⇒「分配率」で運用成績が示されるのは、「ＭＭＦ」「ＭＲＦ」「中期国債ファンド」のみ

ちなみに、「分配率」で運用成績が表示される投資信託は、「ＭＭＦ」「ＭＲＦ」「中期国債ファンド」の3つのみです。

なお、中期国債ファンドは、扱っている金融機関がごく限られており、残高も減少傾向をたどっています。かつては、個人向け投資信託の主力商品でしたが、今はＭＭＦやＭＲＦが、それにとって代わっています。

また、債券を組み入れて運用するファンドの中には、たとえば外国債券を主要投資対象とするものもありますが、外国債券に投資する場合、為替変動によって基準価額が大きく変動します。

したがって、ＭＭＦやＭＲＦのように、日々決算を行って元本を1万円にし、分配金を支払うという方法は用いていません。株式型投資信託と同じように、基準価額は常に変動しており、その「騰落率」(128ページ参照)によって、過去の運用実績を表示しています。

8 債券の収益率を考える① 【表面利率】

> **ポイント**
> 「表面利率」は〝クーポンレート〟とも言う。利付債に付いているクーポンが、額面金額に対して何％なのかを示すもので、債券の収益率を見える上で基本となる。

◯「利付債」とはどういう債券なのか？

　債券は、政府や企業が資金調達するために発行する有価証券で、預貯金と同じように元本が保証されており、定期的に利子が支払われます。「表面利率」とは、定期的に支払われる利子が、債券の額面金額に対して何％なのかを示すものです。債券の場合、基本的に額面金額は100円です。これに対して、毎年3円の利子が支払われるとしたら、この債券の「表面利率」は、以下のようになります。
「（3円÷100円）×100＝3％」
　株式と同じく、今は債券も電子化が進み、証券会社の店頭などで債券を購入しても、本券を見る機会はありませんが、債券は額面金額が表示されている本券に、「利札（別名クーポン）」が付いています。
　これを本券から切り離して、証券会社など債券の元利金支払窓口に持っていけば、利子が受け取れるのです。この利札には、1回の利子支払いで何円の利子を受け取れるのかということが表示されていて、その額にそって利子が支払われます。

「利付債」の仕組みを見てみよう

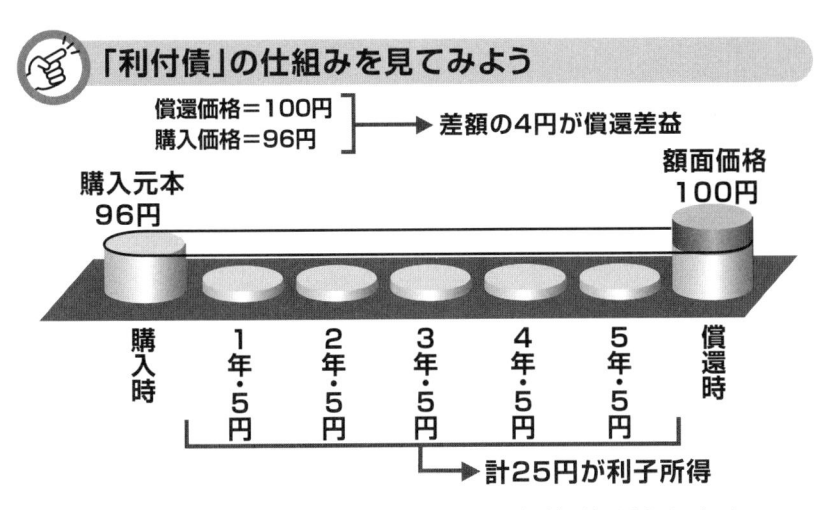

償還価格＝100円
購入価格＝96円
→ 差額の4円が償還差益

購入元本 96円
額面価格 100円

購入時／1年・5円／2年・5円／3年・5円／4年・5円／5年・5円／償還時

→ 計25円が利子所得

　また、債券には「固定金利型」と「変動金利型」があります。

　「変動金利型」の債券は、10年物個人向け国債が代表的ですが、この債券は、その時どきの金利情勢によって、表面利率が定期的に見直され、支払われる利子の額が変わってきます。

　一方の「固定金利型」の債券は、発行される際に決められた表面利率が、償還時まで変わることなく定期的に利子が支払われます。

　ちなみに、本券に利札が付いているタイプを「利付債」と言います。企業が発行している普通社債や、日本政府が発行する国債のうち、6年物の中期国債、10年物の長期国債、20年物の超長期国債などは、すべて利付債の形をとっています。

　なお、前述したように、債券の元本・利子の支払いは、債券を発行している政府や企業がこれを保証しています。このため、債券の発行体の財政が厳しくなると、この支払いが滞るリスクが高まります。

　預金の場合、万が一銀行が破綻しても、預金保険機構が最終的に、一定金額（1,000万円）まで預金の元本および利息の支払いを保証していますが、債券は第三者機関によって元利金の支払いが保証されるわけではありません。

　こうしたリスクがあることを、常に頭に入れておく必要があります。

9 債券の収益率を考える② 【割引率】

> **ポイント**
>
> 「割引率」は、最近の日本では、個人向けにはほとんど発行されなくなった、割引方式の債券の収益率を見るためのもの。この割引率と利回りは、計算の基準が異なるので注意しよう。

⊃「割引債」とはどういう債券なの？

　債券には、前項で説明した「利付債」と呼ばれるタイプだけでなく、「割引債」というタイプも存在します。たとえば、5年物の割引国債などがこれに該当します。

　割引債と利付債の違いは、「利札があるかないか？」という点です。割引債には利札がありません。つまり、表面利率は0％ということになります。

　これを聞いて、「利率が0％では、債券を買う意味がないのでは？」という疑問を持った方もいらっしゃると思いますが、もっともな話です。表面利率が0％ということは、「利子が発生しない」のと同じだからです。

　利子を受け取ることができないのに、わざわざ一定期間債券を保有する意味がないと思うのも、当然でしょう。

　割引債の場合、確かに利付債のように利子は発生しませんが、その

「割引率」を「利回り換算」する方法

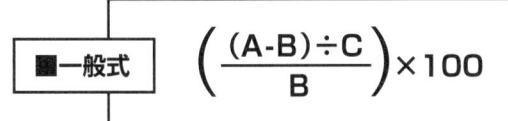

■一般式

$$\left(\frac{(A-B) \div C}{B}\right) \times 100$$

A…割引債の額面価格　B…購入価格　C…償還年数

■電卓を使って計算する際のプロセス

[演習1]　額面1万円の割引金融債(1年物)を9,700円で購入した場合の割引率を利回り換算した場合

● A、B、Cのそれぞれに入る数字は、次のようになる

A…1万円
B…9,700円
C…1年

一般式に当てはめると

$$\left(\frac{(10{,}000 - 9{,}700) \div 1}{9{,}700}\right) \times 100$$

STEP1 （　）内の分子の部分を計算する

10,000 − 9,700 ÷ 1 = 300

STEP2 STEP1の答えを購入価格で割る

300 ÷ 9,700 = 0.030927835…

STEP3 STEP2で求めた数値に100をかける

0.030927835… × 100 = 3.092%

PART4.各投資商品の「利回り」を見てみよう

代わり、利子相当額をあらかじめ額面金額から差し引いた額で購入できるのです。

たとえば、額面金額100円に対して、購入時の価格が98円というように、2円分を割り引いた価格で購入できるのです。そして、償還を迎えた時に、額面金額で償還金が支払われます。

したがって、購入時の価格と額面金額の差額に相当する2円が、利付債でいうクーポン代わりになるのです。

かつて割引債には、1年物の割引金融債や5年物の割引国債などが定期的に発行されていましたが、今は新規発行がなくなり、この手の債券は、個人が円建てで購入できる国内債券では、実質的に存在していません。

短期国債の中には、割引債の形式で発行されるものもありますが、短期国債は金融機関や法人が購入対象であり、個人向けには発行されていないのが実情です。

したがって、あまり個人の投資収益とは関係がありませんが、基礎知識として覚えておいて損はないでしょう。

また、諸外国の政府などが発行している外国債券の中には、「ゼロクーポン債」と言って、あらかじめ利子分が差し引かれた割引方式によって発行される債券もあります。

◯「割引率」と「利率」を同一比較するのは間違い

割引率とは、「額面金額から何％割り引いて購入できるのか？」ということを示したものです。

たとえば、割引率が2％の割引債であれば、額面100円に対して、そこから2％を割り引いた98円で購入できます。

ただし、割引率と利率は、概念が異なるということを覚えておいた

方がいいでしょう。

たとえば、割引率が2％の割引債があるとしましょう。償還までの期間は1年間です。この債券を、利率で表示するとどうなるでしょうか？

⊃ 一見同じに見えるが、「割引率」と「利率」では利率の方が高くなる

「利率」とは、あくまでも「元本に対してどれだけの率で収益が得られるのか？」を示すものなので、元本は額面金額である100円から2％を割り引いた98円になります。

98円で購入した債券が、1年後の償還時に100円になって戻ってくるのですから、これを利率で表示すると、

「{(100円－98円)÷98円}×100＝2.040％」

ということになります。

「割引率」が、額面金額から見て割り引いた率を表示されるのに対して、「利率」は割り引かれた購入価格を元本に見建てるため、割引率に比べて高めになるのです。

つまり、割引率と利率を同一比較するのは間違いなのです。

10 債券の収益率を考える③
【応募者利回り】

> **ポイント**
> 新規発行の債券は、募集期間が設けられている。「応募者利回り」は、この募集期間中に債券を購入し、償還まで保有した場合の利回りのことを差す。

● 債券の条件の見方を見てみよう

　国債をはじめとする債券が新たに発行される時、事前に募集期間を設けて購入する投資家を募ります。

　「応募者利回り」とは、この募集期間中に新規で発行される債券を購入し、償還まで保有した場合、どのくらいの収益率になるのかを示したものです。たとえば、2009年6月5〜24日にかけて募集された第301回10年物利付国債の条件は、次のようになっています。

- ●利率……………………年1.5%
- ●募集価格……………額面金額100円につき100.16円
- ●応募者利回り…………年1.481%

　これを見て、「利率」と「応募者利回り」という2つのレートが表示され、不思議に思われた方もいらっしゃるでしょう。

　債券の利率とは、前述したとおり「表面利率」を差し、年1.5%ならば額面100円につき1円50銭の利子を受け取れるという意味です。

次に注目したいのが、「募集価格」です。国債は競争入札方式によって発行条件が決まります。

つまり、国債を購入したいという金融機関が入札を行い、「額面100円」、「表面利率1.5％」という条件の国債をいくらなら買うかを決めるのです。

もし「表面利率1.5％」という条件が魅力的だとすれば、多くの金融機関がこの国債を高めの価格で落札しようとします。その結果、募集価格が額面金額を上回ってきます。

第301回10年物利付国債の場合、額面金額100円に対して、募集価格が100円16銭ですから、それだけ魅力的だったということです。

ところで、国債をはじめとする債券は、償還を迎えた時、額面金額で投資した元本が戻ってきます。つまり、募集価格である100円16銭で買えば、償還時に戻ってくる金額は100円なので、16銭の償還差損が生じることになります。

この償還差損の分だけ、償還まで保有した際の収益率は、表面利率を下回ることになります。したがって、「応募者利回り」は表面利率の年1.5％を下回る年1.481％になるのです。

「利回り」というと、ここまで読まれた方は、ひょっとすると複利で運用した場合の「年平均利回り」と思われるかもしれません。

でも、債券の利回りは、年平均利回りとは全く異なる概念で、要は、購入時の債券価格と額面金額の差損益分を調整した収益率のことです。

この場合、募集期間中の債券を購入するという条件の下での利回りなので、「応募者利回り」と言われるのです。

ちなみに、第301回10年物利付国債の場合、初回利子調整額として、16日分が差し引かれることになります。これらを加味した上での「応募者利回り」が、年1.481％になります。

11 債券の収益率を考える④【所有期間利回り】

> **ポイント**
>
> 債券は、すでに発行されたものでも流通市場を通じていつでも売買できる。「所有期間利回り」とは、流通市場を通じて購入・売却した債券の、「所有期間中における利回り」を差している。

⇒ 債券は「流通市場」でいつでも自由に売買できる

　国債をはじめとする債券は、募集期間中に購入して、それを償還まで保有するというのも一つの投資スタイルです。

　しかし、流通市場を通じて、好きな時に自由に売買することもできます。「流通市場」とは、不特定多数の投資家の間で、株式や債券などを売買するマーケットのことです。

　債券の場合、募集期間中でなければ購入できない、という決まりはありません。募集期間が過ぎた後でも、流通市場を通じて購入することができます。

　また、償還日が到来する前でも、自分が売りたいと思った時に、流通市場を通じて自由に売却することができます。

　特に10年物国債ともなれば、償還まで10年もの期間がありますから、償還日を迎える前に何か不測の事態が生じて、現金が必要になるケースも考えられます。

「所有期間利回り」を計算する

[演習1] 債券の所有期間利回りの求め方を見てみる。
条件は以下のとおり
●売却価格＝110円　●購入価格＝96円
●利率＝5%　●保有期間＝2年

■一般式

$$\text{所有期間利回り} = \frac{A + \frac{(B-C)}{D}}{C} \times 100$$

条件
■A…利率（クーポン・レート）　■B…売却価格
■C…購入価格　■D…保有期間

■演習1の数字にあてはめて計算すると、以下のようになる
■まず、分子の部分を計算する

$$5 + \frac{(110-96)}{2} = 12$$

■その結果を購入時の債券価格で割り、100をかける

$$(12 \div 96) \times 100 = 12.50(\%)$$

PART4.各投資商品の「利回り」を見てみよう

このような時、「10年間は現金化できません」というのでは、不便で仕方ありません。やはり、いつでも自由に現金化できる環境を作っておく必要があります。

それが「流通市場」の役割なのです。

➡ {(利子＋売却益)÷購入価格}×100 ＝「所有期間利回り」

債券の「所有期間利回り」とは、流通市場を通じて購入し、償還前に売却した場合などを想定した上で、その保有していた期間中に得た収益を年率換算したものです。

たとえば、次のような条件の債券があったとして、その「所有期間利回り」を計算してみましょう。

- 利率……………2％
- 購入価格…………額面金額100円につき98円
- 売却価格…………額面金額100円につき110円
- 保有期間…………2年間

上記の債券の利率は2％なので、額面金額100円につき、毎年2円のクーポン収入を得ることができます。

次に、額面金額が100円の債券を98円で買って110円で売却したわけですから、

「110円－98円＝12円」

のキャピタルゲイン（債券や株式などの価格上昇による利益）が得られたことになります。

保有期間は2年間ですから、1年当たりのキャピタルゲインは、

「12円÷2年＝6円」

になります。

つまり、この債券に投資することで得られる1年当たりの収益は、次のようになります。
- ●利子………2円
- ●売却益………6円

　利子と売却益を足すと、合計8円の収益が得られるわけですから、利回りを求めるには、年間の収益である8円を購入時の債券価格で割ります。
　すると、
「(8円÷98円)×100＝8.163％」
　となります。
　これが、このケースの「所有期間利回り」になります。

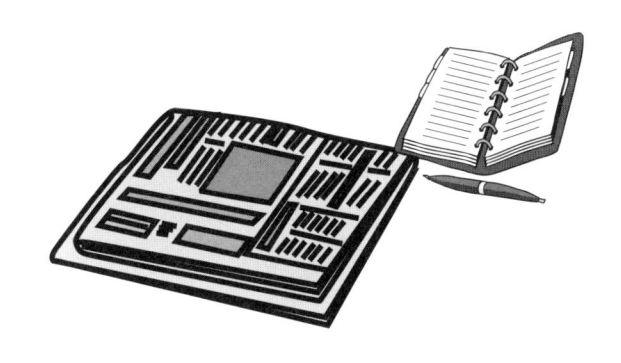

12 債券の収益率を考える⑤【最終利回り】

> **ポイント**
> 「最終利回り」とは、すでに発行されている債券を流通市場で購入し、それを償還まで保有した場合の利回りを差す。債券価格は常に変動しているので、「最終利回り」も常に変わる。

● 債券を流通市場で購入して償還まで持っていた場合の利回り

「応募者利回り」が、新規で発行された債券を募集期間中に購入し、償還まで保有した場合の利回りなら、「最終利回り」は、すでに発行されている債券を流通市場で購入して、償還まで保有した場合の利回りになります。

したがって、「最終利回り」と「募集利回り」の計算式は、基本的に同じになります。

たとえば、次のような条件の債券を購入した場合を想定して、考えてみましょう。

- ●表面利率…………年3％
- ●購入価格…………額面金額100円につき101円50銭
- ●償還期限…………5年間

まず、表面利率は年3％ですから、額面100円につき3円の利子が

「最終利回り」を計算する

[演習1] 次の条件で発行された債券の最終利回りを計算する
- 売却価格＝100円　●購入価格＝96円
- 利率＝5%　●保有期間＝5年

■一般式

$$最終利回り = \frac{A + \frac{(100-B)}{C}}{B} \times 100$$

| 条件 | ■A…利率(クーポン・レート)
■B…購入時の債券価格　■C…期間(償還までの期間) |

■演習1の数字をあてはめて計算すると、以下のようになる
■まず、分子の計算をする

$$5 + \frac{(100-96)}{5} = 5 + 0.8 = 5.8$$

■その結果を購入時の債券価格で割り、100をかける

$$(5.8 \div 96) \times 100 = 6.041(\%)$$

入ってきます。

　次に、「購入価格」と「額面金額」の差額についてですが、この債券の購入価格は、「101円50銭」です。

　ということは、償還時まで保有した場合、償還金は額面金額である100円で戻ってきますから、1円50銭分の償還差損が生じることになります。

　保有期間は5年なので、1年当たりの償還差損は、

「1円50銭÷5年＝30銭」

　したがって、この債券を1年間保有した場合に得られる収益は、

●利子……………3円
●償還差損………30銭
●3円－30銭＝2円70銭

　となります。つまり「2円70銭」が、1年間で得られる収益になります。

　そして、この債券の購入価格は101円50銭ですから、この場合の「最終利回り」は、

「（2円70銭÷101円50銭）×100＝2.660％」

　になります。

⮕ 購入価格が額面価格を上回るか下回るかで、「最終利回り」が大きく変わってくる

　ところで、どの債券も額面金額は100円ですが、債券市場で売買される時は、市場で形成される債券価格で売買されます。

　債券価格は、その債券への需要が高ければ、額面100円に対して101円、102円というように値上がりしていきます。

　逆に、需要が低ければ、額面100円に対して99円、98円というよ

うに値下がりしていきます。

　当然ながら、それに伴って債券の「最終利回り」も変動することになります。

　基本的に、「固定金利型」の債券の場合、表面利率は償還まで変わりません。

　たとえば、表面利率が年３％なら、償還を迎えるまで額面100円につき３円の利子が定期的に支払われます。

　しかし、すでに発行された債券を債券市場で買う場合、常に債券価格が変動していることを忘れてはなりません。

　債券価格が額面金額を超えている時に買えば、償還差損が生じますから、表面利率に比べて「最終利回り」は低下します。

　逆に、債券価格が額面金額を下回っている時に買えば、償還差益を得ることができるので、「最終利回り」は表面利率を上回ってくることになります。

13 債券の収益率を考える⑥【直接利回り】

> **ポイント**
>
> 「直接利回り」は、個人投資家にはあまり関係のない利回りだが、機関投資家のように、1年ごとに決算が行われ、収益の確定を求められる場合には、使い勝手のよい利回りと言える。

⊃ 毎年受け取る利子が、購入時の債券価格に対して何%なのかを表す

これまで説明してきたとおり、債券の収益性を示す数字としては、「表面利率」「応募者利回り」「所有期間利回り」「最終利回り」などが主に用いられますが、これに加えて、「直接利回り（略して「直利」という場合もある）」というものもあります。

この利回りの考え方についても、説明しておきましょう。

「直接利回り」とは、毎年受け取ることのできる利子が、購入時の債券価格に対して何%なのかを示すための利回りです。

たとえば、下記のような条件を持つ債券があるとしましょう。

- ●表面利率…………3.0%
- ●購入価格…………額面金額100円につき98円50銭

「直接利回り」を計算する場合に必要な数字は、「表面利率」と「購入価格」のみです。

「直接利回り」を計算する

[演習1] 債券の直接利回りの求め方を考えてみる。条件は以下のとおり
- 購入価格＝96円　●利率＝5%

■一般式

$$直接利回り = \frac{B}{A} \times 100$$

条件　■A…購入価格　■B…利率（クーポン・レート）

■一般式に数字をあてはめて計算すると、以下のようになる

$$\frac{5}{96} \times 100 = 5.208(\%)$$

　この例で、「直接利回り」を計算してみると、
「(3.0％÷98円50銭)×100＝3.045％」
ということになります。

　ただ、「直接利回り」で収益性を判断するようなケースは、少なくとも、個人投資家の場合はほとんどないといっていいでしょう。

　しかし、機関投資家であれば、毎年の決算ごとに収益を確定させる必要があることから、その債券を償還まで保有した場合の利回りになる応募者利回りや最終利回りよりも、「直接利回り」の方が何かと使い勝手がいいのです。

14 「外貨投資」の収益率を考える

> **ポイント**
>
> 「FX（外国為替証拠金取引）」では、金利の低い通貨を売り、金利の高い通貨を買うと、その金利差を「スワップポイント」として得られる。

◯ FXは外貨の売買益だけでなく、「金利差」でも収益が出る

　外貨預金や外国債券など、外貨建て金融商品は数多くあります。その利回り計算は、基本的に円建ての預貯金や債券と同じですが、ここで取り上げたいのは、ここ数年、個人の外貨投資ツールとして人気を集めている「FX（外国為替証拠金取引）」の金利についてです。

　FXは、基本的に為替差益を狙って外貨を売買する投資手段です。ただ、特定の条件の下で「スワップポイント」と称される金利収入のようなものが入ってくるのです。

　FXは、「ある通貨を売って、ある通貨を買う」という取引を行います。たとえば、「円を売ってドルを買う」あるいは「ドルを売ってユーロを買う」といった取引を行うわけですが、この際、より金利の低い通貨を売り、より金利の高い通貨を買った時、両通貨の金利差分が「スワップポイント」として入ってくるのです。

　仮に、円金利が１％、米ドル金利が３％だとしましょう。この時、円を売って米ドルを買えば、その金利差である２％に相当する額が、

日々「スワップポイント」として入ってきます。

　厳密に言えば、金利水準の異なる二通貨間の金利差調整分という性質のものであり、金利とは異なるのですが、金利に類似するものとして、外貨預金の利息収入のような感覚で、スワップポイントを捉えている人も少なくありません。

⊙「スワップポイント」を狙う際の注意点

　この「スワップポイント」には、いくつかの注意点があります。

　まず第一に、「日々変動している」ということです。金利差は、両通貨の金利動向によって常に変動していますから、スワップポイントも日々変動しています。

　第二に、スワップポイントは両通貨の金利差であることから、二国の金利動向に注意する必要があります。

　これが、外貨預金や外国債券であれば、投資先となっている通貨国の金利動向に注意しておけばよいのですが、スワップポイントは二国間の金利差によって規定されるため、売った通貨の国の金利動向と買った通貨の国の金利動向に注意する必要があるのです。

　たとえば、米国の金利が上昇していても、日本の金利も同じように上昇していたら、スワップポイントは増えないのです。

　第三は、高金利通貨を買って低金利通貨を買うと、逆にスワップポイントを支払わなければならないことです。

　ＦＸは、円高局面でも、外貨を売ることによって為替差益を狙うことができますが、日本のように低金利国の通貨を買う場合、どうしてもスワップポイントを支払う形になります。

　スワップポイントの支払いはコスト負担になりますから、十分な注意が必要です。

⮕「レバレッジ」によって大儲けが可能だが、逆に大損することも！

「スワップポイント」の表示は、通常、１万通貨当たり１日分が表示されています。ＦＸを取り扱っている業者にもよりますが、たとえば、豪ドルを売って円を買った時のスワップポイントが180円だったとします。この年間のスワップポイント額は、

「180円×365日＝６万5,700円」

そして、１豪ドル＝75円だとすると、投資元本は１万豪ドルで75万円になりますが、ＦＸの場合、投資元本を全額使う必要はなく、その一部を証拠金として納めれば取引できます。

たとえば、１万通貨を投資するのに必要な金額（ここでは75万円）に対して10％程度の証拠金で取引できるとしたら、７万5,000円。これを投資元本と見なすのであれば、１年間で６万5,700円のスワップポイントが得られるわけですから、率にすると以下になります。

「（６万5,700円÷７万5,000円）×100＝87.6％」

75万円の投資元本で６万5,700円のスワップポイントを得た場合、率にして8.76％ですが、10％の証拠金（７万5,000円）で取引した場合、10倍のレバレッジがスワップポイントにもかかり、87.6％という極めて高いリターンが実現するのです。

これがレバレッジの魅力ですが、逆に、元本部分の損益も為替レートの値動きに敏感に反応するようになり、わずかな値動きで証拠金額が失われるケースもあります。いたずらにレバレッジを高めると、非常にリスクが高まる点に十分注意しましょう。

もちろん、上記の数字はあくまでも推計値に過ぎません。前述したように、「スワップポイント」は両通貨の金利動向によって、日々変動しているからです。

「スワップポイント」の例

1万通貨を買った場合にもらえるスワップポイント。
1万米ドルを買った場合は、1日当たり27円のスワップポイントが入ってくる

1万通貨を売った場合に支払わなければならないスワップポイント。1万米ドルを売った場合は、1日当たり30円のスワップポイントを支払う

通貨	10,000買い	10,000売り
米ドル／円	27円	▲30円
ユーロ／円	6円	▲9円
ポンド／円	54円	▲59円
カナダドル／円	6円	▲11円
豪ドル／円	186円	▲189円
NZドル／円	96円	▲99円
スイスフラン／円	3円	▲8円
南ア・ランド／円	75円	▲80円
香港ドル／円	0円	0円
シンガポールドル／円	6円	▲11円

スワップポイントの額は、通貨によって異なる。また、日々変動しており、預貯金のような確定利回りではない

PART4.各投資商品の「利回り」を見てみよう

15 「不動産投資」の収益率を考える①【表面利回り】

> **ポイント**
> 「表面利回り」は、物件ごとの収益性の違いを比べる際に用いられるが、不動産投資に必要なコストが一切考慮されていないので、注意が必要！

◯ 10％以上ならまず安心と言われるが…

　利回りというと、株式や債券、預貯金などの利回りをまず連想するかと思いますが、不動産投資にも「利回り」の概念はあり、重要な投資判断基準になります（なお、ここで言う不動産投資は不動産投資信託（REIT）などではなく、賃貸マンションや賃貸アパートなど、不動産物件に直接投資をして賃貸料収入を得る場合）。

　さて、「表面利回り」（「グロス利回り」とも言う）は、単純に、年間収入を購入費用で割って求められるものです。

　次のような物件があったとしましょう。

- 土地購入費＋建設費用………… 1億円
- 家賃……………………………… 8万円
- 部屋数…………………………… 10部屋

　すべての部屋が埋まった場合、毎月入ってくる賃貸料は合計で80万円になります。したがって、年間の賃貸料収入は、

「80万円×12カ月＝960万円」

そして、土地購入費＋建設費用が1億円ですから、
「(960万円÷1億円)×100＝9.6％」

つまり、この物件の「表面利率」は年9.6％ということになります。実際、どのくらいの利回りが必要なのかという点については、一概には言えませんが、一般的には10％程度の「表面利回り」があれば、とりあえず安心と言われています。

● 「表面利回り」表示の注意点

ただし、「表面利回り」を見る場合には、事前にいくつかの点に注意する必要があります。

第一に、あくまで初年度の利回りしか想定されていないということです。賃貸マンション（賃貸アパート）を経営する上で一番大事なことは、常に部屋が埋まっているということです。もし住人が次々と引っ越してしまったら、とたんに表面利回りは低下してしまいます。

つまり、年9.6％という利回りが確保できるのは、あくまでも最初の年度だけであり、更新などで住人の移動が生じた場合には、利回りが保証されないのです。

第二に、諸経費が考慮されていないということです。次項で詳述しますが、不動産を保有するのにかかる費用は、土地の購入代金や建設費用だけでなく、各種税金やランニングコストなど、不動産を維持していくために必要な数多くの経費があり、これらを加味すると、表面利率よりも、利回りがかなり低くなってしまうのです。

また、どうしても部屋が埋まらなければ、家賃を下げざるを得なくなります。これも、利回りの低下要因です。こうした点を考慮に入れた上で、表面利回りを見ることが肝心なのです。

16 「不動産投資」の収益率を考える②【実質利回り】

> **ポイント**
>
> 「実質利回り」は、表面利回りから各種経費を差し引いて求める。これは、実際に不動産投資を行った場合に得られる利回りで、不動産投資を考えた場合、必ず「実質利回り」ベースで収益性を考えたい。

◯ 不動産投資を考えた場合、必ず「実質利回り」ベースで考えよう

　前述したように、賃貸マンションや賃貸アパートなど不動産経営をする場合、さまざまな経費がかかってきます。

　つまり、表面利回りで表される数字は、あくまでも「表面上の利回り」に過ぎず、実際にこの利回りで運用できるわけではありません。では、具体的にどのような経費がかかってくるのでしょうか？

　大きなものとしては、「固定資産税」「管理費」「修繕積立金」「火災保険料」等です。また、物件購入に銀行から融資を受けている場合は、金利なども経費に含まれます。賃貸収入からこれらの経費を差し引くと、果たしていくらお金が残るのでしょうか？

　これらの経費を取得にかかったコストで割ったものが、「実質利回り」です。実際に不動産投資をする場合は、表面利回りよりも「実質利回り」をベースに考えた方が、よりリスクを減らすことができます。

　さらにリスクを下げたいのであれば、稼働率なども考慮に入れた方

がより安全です。賃貸物件を建てたものの、全室が埋まらなかったという事態も十分予想されます。もし稼働率が8割であれば、賃貸収入も2割減少することになります。

実際、「実質利回りベースで何％を確保しておけば安全か？」という点については、これまたいろいろな見方がありますが、基本的には7％程度を確保できれば、一応は安心できるでしょう。

◯「実質利回り」をクリアしてもさらに難題が…

さて、実質利回りで7％確保できたとします。これなら預貯金に比べると、はるかに高い利回りということで、不動産投資は有利だと考える人もいるでしょう。

ただ、ここに大きな〝落とし穴〟があります。不動産投資で一番大きな問題点は、「流動性があるのかどうか？」、「現金化した時、当初の投資元本が確保されるのかどうか？」という点です。

株式や債券などに比べて、不動産は極めて流動性に欠けます。今、現金化したいと思っても、すぐに物件を売却できるものではありません。また、運よく売却できたとしても、当初の投資元本を割り込まないという保証もありません。特に、築年数が経過した古い物件になると、建物の資産価値は限りなくゼロに近づいていきます。

もちろん、建物の資産価値が目減りする以上のペースで地価がどんどん上昇していけば、建物の資産価値が目減りするリスクを相殺（そうさい）できますが、今の日本では、そこまで地価の上昇は望めないでしょう。

つまり、現金化できても、資産価値が大幅に目減りしてしまうリスクが高いのです。

したがって、「実質利回り」が高いからと言って、単純に預貯金よりも有利な投資対象とは言い難い面もあるのです。

17 保険商品の収益率を考える【予定利率】

> **ポイント**
>
> 「予定利率」が引き下げられると、支払う保険料は上昇し、引き上げられると、支払う保険料は減少する。保険商品の運用利回りとは違う点に注意！

◯「保険料」は運用収益分を見越した上で、その分が割り引かれた額

　多少、金融商品について知識を持っている方なら、保険商品を通じて集められたお金が、何らかの形で運用されていることは、先刻ご存じのことと思います。

　そういう人が「予定利率」という言葉を耳にした場合、どういう理解の仕方をするでしょうか？

　もちろん、正しく理解している人もいるでしょう。しかし、中には次のような認識をしている人もいるはずです。

　「保険料を運用する際の利回りのことで、一定期間後の契約解除や保険期間満了で、解約返戻金や満期保険金を受け取る際に得られる収益率のこと」

　半分合っているような、合っていないような……。

　「予定利率」が、大勢の保険加入者から集めた保険料を運用する際の利率であるのは事実です。

　でも、予定利率は預貯金利率のように、一定期間後に受け取る解約

「予定利率」は将来の運用を見越した上での数値

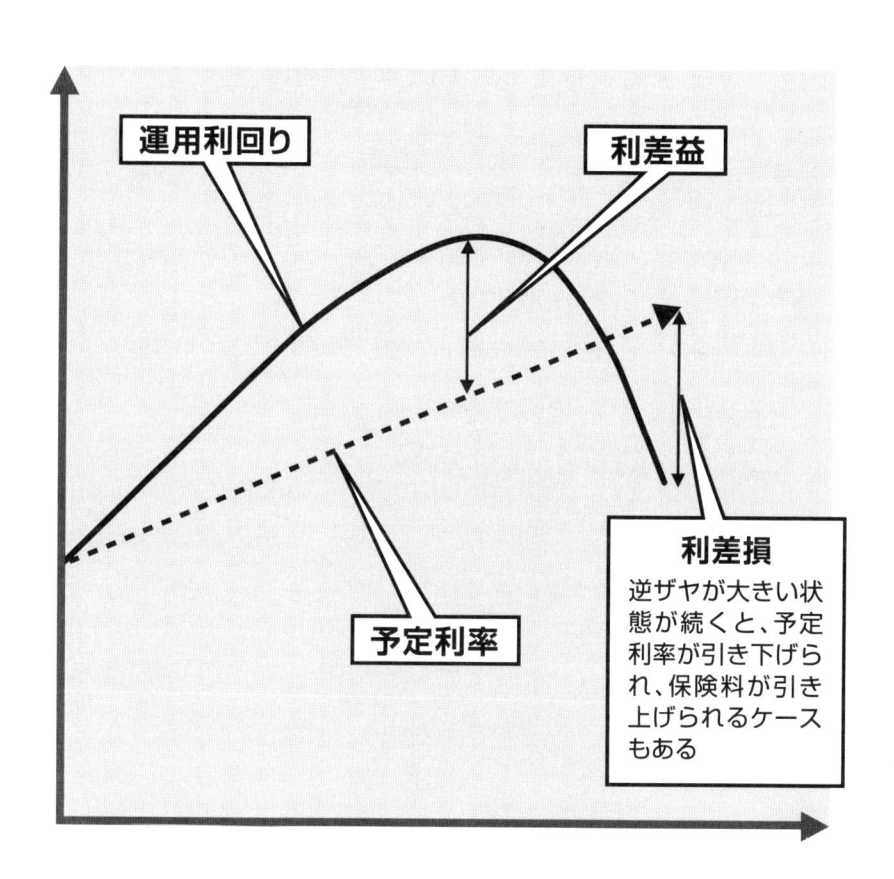

運用利回り

利差益

予定利率

利差損
逆ザヤが大きい状態が続くと、予定利率が引き下げられ、保険料が引き上げられるケースもある

PART4.各投資商品の「利回り」を見てみよう

返戻金や満期保険金を計算する際の利率とは、やや異なります。

予定利率が１％で、100万円の保険料を払い込んでから５年後解約した際、受け取れる解約返戻金が105万円になるというような意味ではありません。

どちらかと言えば、割引債券の割引率に近い概念です。つまり、

「将来、このくらいの利率で保険料を運用できるはずだから、払い込む保険料をこのくらい割り引きましょう」

ということです。この払込保険料の割引率が「予定利率」なのです。

もっと簡単に言うと、

「この保険に加入することで、何かあった時、保険金として1,000万円欲しい」

という人がいたとして、その人の保険を引き受けた保険会社が、

「承知しました。では、払い込んでいただいた保険料を年１％で運用しますので、その運用益の分については、払い込んでいただく保険料から割り引いて差し上げましょう」

ということです。

したがって、皆さんが今払い込んでいる保険料は、すでに運用収益分を見越した上で、その分が割り引かれた額になっているのです。

➲「予定利率」は高いほど有利

保険商品の構造がどうなっているかというと、まず、保険加入者が払い込んだ保険料の中から、事務経費が差し引かれます。

そして残りの額が、加入者が死亡した際に支払われる死亡保険金や、保険期間満了時に受け取れる満期保険金、あるいは年金保険加入者に支払われる年金などの支払準備として積み立てられています。

この支払準備を「責任保険金」と言います。「予定利率」は、この

責任保険金を運用するのに適用されている利率になります。

　当然、予定利率が高いほど、保険加入者の条件はよくなります。それは、将来受け取る死亡保険金や満期保険金、年金の額が増えるという意味ではなく、加入者が払い込む保険料が、その分だけ少なくてすむということです。

　予定利率が上昇するほど払い込む保険料が減り、予定利率が低下するほど払い込む保険料が増えるという構造になっているのです。

●「予定利率」を下回る逆ザヤ状態に陥り、破綻に追い込まれる保険会社も！

　保険料の運用は、株式や債券などの有価証券投資、企業への貸付などによって運用されています。

　当然、株価の上がり下がり、金利の上昇・低下によって、実際の運用利回りは上下しています。

　そのため、運用利回りが常に予定利率どおりになるとは限りません。この「予定利率」と「運用利回り」の差を「利差損益」と言います。

　もちろん、運用利回りが予定利率を上回って「利差益」が出ていれば問題ないのですが、株価の下落や金利の低下によって運用利回りが低下し、予定利率を下回ってしまうケースもあります。

　つまり、これは「利差損」が生じている状態ですが、こうなると、保険会社にとっては損失につながるため、予定利率を引き下げる動きが出てきます。

　特に、90年代に入ってバブル経済が崩壊した後は、株価の急落とゼロ金利政策によって、運用利回りが予定利率を下回る「逆ザヤ」状態に……。これが収益を圧迫して、複数の保険会社が経営破綻に追い込まれました。

　現在は逆ザヤ問題も解消し、加えて保険業法の改正も行われました。

これまでは保険会社が破綻しない限り、予定利率の引き下げは認められませんでした。
　しかし、この法改正によって、保険会社が政府に申請して認められれば、破綻する前でも予定利率を引き下げることが可能となったのです。
　もちろん、そうは言っても、保険会社が自分たちの都合のいいように予定利率を引き下げてしまうと、今度は保険加入者が不利益を被ることになってしまいます。
　このため、予定利率を引き下げる場合は、その保険会社の経営存続自体が厳しく、保険業を存続するのが困難な状況にあることが条件になっています。

PART 5

金融機関にカモにされないための「金利計算」基礎知識

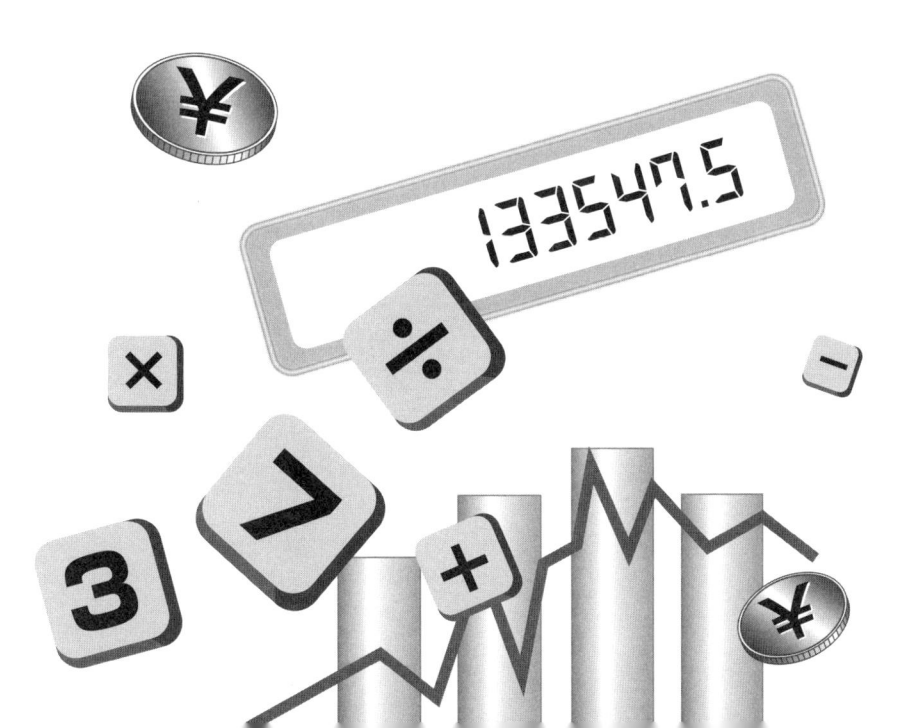

1 金利計算の基礎は「単利計算」にあり！

> **ポイント**
> すべての金利計算の基礎は「単利計算」にある。複利運用が行われる金融商品以外については、ほぼすべて、この単利計算によって利息が計算される。

● 金利計算の基本中の基本。しっかり覚えよう！

　金利計算の基本として「単利計算」と「複利計算」がありますが、単利で運用した場合の手取り利息額の求め方は、金利計算の中でも最も単純な計算方法なので、まずはこれを完璧に覚えてしまいましょう。

　単利で利息計算が行われる金融商品としては、預入期間3年未満の定期預金、普通預金などがその代表と言えます。

　まずは、右図の一般式にあてはめて考えてみましょう。

　自分がこれから預けようと思っている金融商品の利率、ならびに元本額などをあてはめ、あとは順を追って計算していくだけです。電卓を使って計算する方法も示しましたので、計算してみてください。

　もっとも、単利計算の場合、この手の公式にあてはめなくても、簡単に利息額を求めることもできます。

　たとえば、元本100万円を年3％の利率で1年間運用した場合の利息額を計算するのであれば、単純に100万円に0.03（＝3％）をかければすみます。この場合、1年後の利息額は3万円になります。

「単利計算」の方法

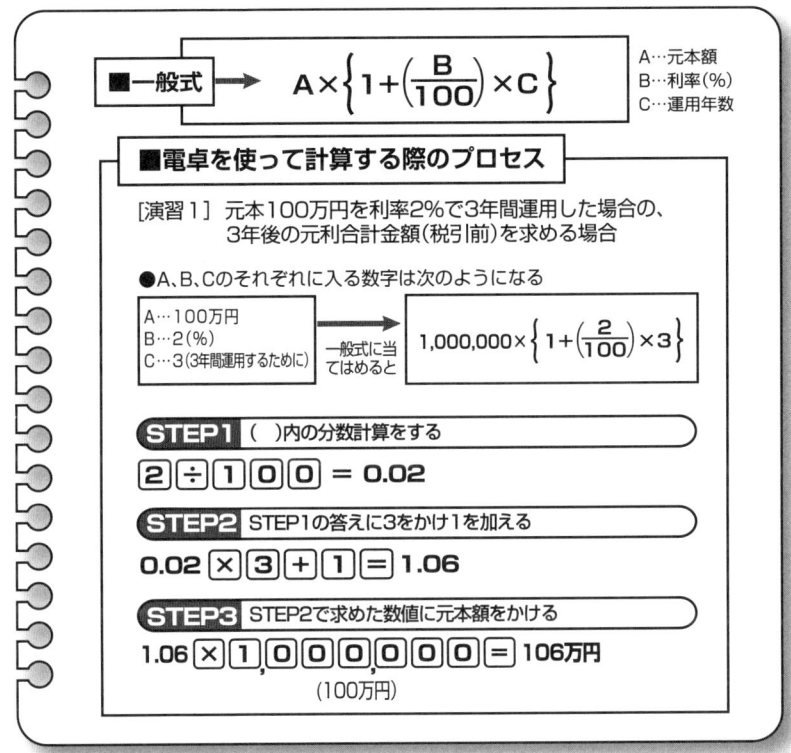

■一般式 → $A \times \left\{ 1 + \left(\dfrac{B}{100} \right) \times C \right\}$

A…元本額
B…利率(%)
C…運用年数

■電卓を使って計算する際のプロセス

[演習1] 元本100万円を利率2%で3年間運用した場合の、3年後の元利合計金額(税引前)を求める場合

● A、B、Cのそれぞれに入る数字は次のようになる

A…100万円
B…2(%)
C…3(3年間運用するために)

→ 一般式に当てはめると → $1,000,000 \times \left\{ 1 + \left(\dfrac{2}{100} \right) \times 3 \right\}$

STEP1 ( )内の分数計算をする
2 ÷ 1 0 0 = 0.02

STEP2 STEP1の答えに3をかけ1を加える
0.02 × 3 + 1 = 1.06

STEP3 STEP2で求めた数値に元本額をかける
1.06 × 1,000,000 = 106万円
(100万円)

　ただし、定期預金などで運用した結果得られた利息は、利子所得としてその20%が源泉分離課税されます。

　つまり、純粋な手取り利息は3万円の80%ですから、3万円に0.8（=80%）を掛ければ、手取り利息額である2万4,000円という数字を求めることができます。

　金利水準や元本額が変わらない限り、運用期間が2年、3年と延長されていった場合の利息額は、以上の計算式によって求められた利息額を2倍、3倍にしていけばいいのです。

　1年間で2万4,000円の手取り利息なら、2年間では計4万8,000円ですし、3年間であれば計7万2,000円になります。

2 簡単な応用でできる「複利計算」

> **ポイント**
> 一定期間運用して発生した利息を元本に組み入れ、それを次の期間運用するのが「複利運用」。この元利合計金額を求めるには、単利とは違った計算式が必要となる。

◯ 運用期間中の利子を元本に組み込み運用する

　単利計算に加えて「複利計算」の方法も理解できれば、大方の金融商品の金利計算はマスターしたも同然です。

　というのも、預貯金や信託商品、中期国債ファンドやＭＭＦなどの公社債型投資信託の金利計算は、基本的に「単利運用」か「複利運用」かのいずれかに大別できるからです。

　複利運用で利息計算が行われている金融商品としては、預入期間３年以上の定期預金や定額貯金、ＭＭＦやＭＲＦなどの公社債型投資信託があります。まず、前項で説明した「単利計算」と「複利計算」の違いについて考えてみましょう。

　たとえば、元本100万円を年２％の利率で３年間運用したとします。この金融商品で運用した時の満期時の手取り金額を、単利と複利の両方で計算して比較するとどうなるでしょうか？

● 「単利」で計算した場合

　１年間の運用期間で得られる利息額は、100万円の２％だから２万

円。これが3年間積み上げられるわけですから、利息の合計額は6万円になります。

● 「複利」で計算した場合

　一方、同じ元本額、同じ利率という前提のもと、1年複利で運用するとどうなるでしょうか？

　複利運用とは、一定の運用期間で発生した利息を元本に加え、その元利合計金額を元本額と見なした上で利息を計算します。100万円を2％の利率で1年間運用すると、利息額は2万円ですが、これを元本額である100万円に加えて102万円とし、次の1年間運用するのです。

　すると、預けてから2年目に得られる利息額は、102万円に対する2％、つまり2万400円になります。さらに3年目に得られる利息額は、102万円に2万400円を加えた104万400円を元本額と見なして、やはり2％の利率で運用します。

　結果、3年目に得られる利息額は2万808円になり、これを1年目の利息額である2万円、2年目の利息額である2万400円と合計した6万1,208円が、1年複利で3年間運用した場合の利息合計額になります。

　単利運用の利息合計額と比較すると、同じ元本額、同じ利率であるにもかかわらず、1年複利で運用した方が1,208円も有利になるのです。よく、複利運用型の金融商品を「利息が利息を生む」と言いますが、これがそう言われるゆえんです。

➲ 「適用利率」や「複利運用期間」に注目しよう

　このように、同じ元本額、同じ利率で運用する場合、単利に比べて複利の方が有利であることがわかると思いますが、複利運用については、さらに適用利率の高低、複利運用期間の長短によっても、複利運用効果に違いが出てきます。

右図を見ていただければわかると思いますが、たとえば、年利率４％で10年間運用した場合、単利運用による元利合計金額の1.057倍になるのに対して、年利率３％で10年間運用すると、1.2倍もの複利運用効果を上げることができるのです。

　また、同じ年利率で運用する場合でも、複利運用期間が１年の場合に比べて６カ月の方が、さらに６カ月よりも３カ月の方が、利息の殖え方が早くなります。したがって、複利運用型の金融商品にお金を預ける場合は、適用利率もさることながら、複利運用期間がどの程度かも合わせて比較する必要があります。

　では、複利運用の計算方法を考えてみましょう。これも公式にあてはめれば、簡単に答えを導き出せます。ただし、複利計算の場合、一定期間ごとに発生する利息を元本に組み入れて運用するため、預入期間中に行われる複利の回数に応じて、乗数計算を行う必要があります。

　といっても、それほどややこしい話ではありません。公式を見ると、カッコ内の分数計算のうち、分母の部分が違うことに気付かれたと思います。単利計算の場合は常に「100」であるのに対して、複利計算の場合は、100に１年当たりの複利回数を掛ける必要があります。

　たとえば、半年複利の場合は年２回の複利回数ですから、２×100で200。１カ月複利なら複利回数は年12回になるので、12×100で1,200になります。

　また、乗数の部分は預入期間中のトータルの複利回数を入れます。たとえば、半年複利で５年間運用するのであれば、複利回数は10回になりますから、10乗数すればいいのです。

　これを電卓で計算する場合は、「×キー」を２回押して、後は「＝キー」を必要回数分押せば簡単に求められます。なお「＝キー」を押す場合は、トータルの複利回数よりも「１回分だけ少なく押す」ということに注意してください。

「複利計算」の方法

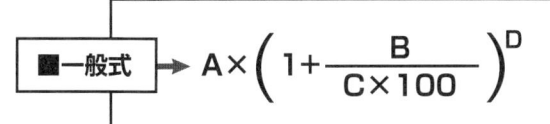

■一般式 → $A \times \left(1 + \dfrac{B}{C \times 100}\right)^D$

A…元本額
B…利率（%）
C…複利回数（1年当たり）
D…複利回数（全運用期間中）

■電卓を使って計算する際のプロセス

[演習1] 元本100万円を利率2%で半年複利運用した場合の、元利合計金額（税引前）を求める場合

●A、B、C、Dのそれぞれに入る数字は次のようになる

A…100万円
B…2（%）
C…2（半年複利で、1年当たりの複利回数は2回）
D…10（1年当たりの複利回数は2回なので、5年の運用期間中では10回になる）

⬇ 一般式に当てはめると

$$1{,}000{,}000 \times \left(1 + \dfrac{2}{2 \times 100}\right)^{10}$$

STEP1 （　）内の分数計算をする

2 ÷ 2 0 0 + 1 = 1.01

STEP2 STEP1の答えの10乗数を求める

1.01 × 1.01 × 1.01 × 1.01 × 1.01 × 1.01 × 1.01 × 1.01 × 1.01 × 1.01 = 1.104622…

STEP3 STEP2で求めた数値に元本額をかける

1.104622 × 1,000,000 = 110万4,622円
　　　　　　（100万円）

3 「複利計算」と「課税繰延措置」の関係

> **ポイント**
>
> 「複利運用」の商品の場合、その期間中に発生した利息に対して、「課税されるのか？」それとも「課税されないのか？」によって、最終的に受け取る利息の額に違いが生じてくる。

⊃「満期時にのみ課税される場合」と「半年ごとに課税される場合」の違いは？

複利計算を行う場合、どの時点で利息に課税するのかという問題があります。

たとえば、「満期になるまで課税は行われず、満期時点で発生した利息に対して課税されるのか？」、あるいは「運用期間中、利息が発生した時点で課税されるのか？」の違いです。

預入期間3年以上の定期預金の場合、課税は満期時点まで行われず、半年ごとに発生した利息を複利運用していきます。

●満期時に課税がかかるケース

仮に、利率が1.5％、預入期間5年、預入金額100万円で5年間、半年複利で運用したスーパー定期の場合、元利合計金額は、
「$1,000,000 \times \{1+(1.5/(2\times100))\}^{10} = 107万7,582円$」
となります。

「元利合計金額（税引後）」の求め方

■一般式

$$A \times \left(1 + \frac{B \times 0.8^{※}}{C \times 100}\right)^D$$

A…元本額
B…利率(%)
C…自動継続回数（1年当たり）
D…自動継続回数（全運用期間中）
※…税20%だから0.8をかける

■電卓を使って計算する際のプロセス

[演習1]　元本100万円を利率3%の6カ月物定期預金に預け、3年間自動継続運用した場合の、元利合計金額（税引後）を求める

● A、B、C、Dのそれぞれに入る数字は次のようになる

A…100万円
B…3(%)
C…2（6カ月満期のため、1年当たりの自動継続回数は2回）
D…10（1年当たりの自動継続回数は2回なので、3年の運用期間中では6回になる）

↓ 一般式に当てはめると

$$1{,}000{,}000 \times \left(1 + \frac{3 \times 0.8}{2 \times 100}\right)^6$$

STEP1　( )内の分数計算をする

3 × 0.8 ÷ 200 + 1 = 1.012

STEP2　STEP1の答えの6乗数を求める

1.012 × 1.012 × 1.012 × 1.012 × 1.012 × 1.012 = 1.074194…

STEP3　STEP2で求めた数値に元本額をかける

1.074194 × 1,000,000 = 107万4,194円
(100万円)

そして、スーパー定期の場合、課税は満期が到来した時に発生している利息に対して、20％の源泉分離課税がかかるため、課税後の利息額は、
　「(107万7,582円－100万円)×0.8＝6万2,065円」
　となります。
　つまり、課税後の元利合計金額は「106万2,065円」ということになります。

●**半年ごとに課税されるケース**
　次に、半年ごとの複利計算を行う時点で発生している利息に対して課税されるという前提で、計算してみましょう。利率などの条件は、上記と同じです。
　この場合、まず20％を課税した場合の利率を計算しておきます。計算式は以下のようになります。
　「1.5×0.8＝1.2」
　次に、20％課税された後の1.2％の利率を使って、半年複利で5年間運用した場合の元利合計金額を求めてみましょう。
　「$1,000,000 \times \{1+(1.2/(2 \times 100))\}^{10}＝106万1,646円$」
　満期時まで課税が繰り延べられれば、課税後の手取り利息は6万2,065円。
　これに対して、半年ごとに利息が発生するたびに課税された場合の手取り利息は、6万1,646円です。

　このように、「419円」とわずかではありますが、手取り利息に差が生じてきます。

⊃ 高利＆期間が長くなるほど違いは歴然！
課税繰り延べの金融商品はより有利

　以上の例では、両者の間に「419円」と、ほんのわずかの金額しか違いが出ませんでしたが、これは、利率が1.5％とかなり低い水準だからです。

　これが、たとえば、年８％と高利になれば、その差はさらに歴然としたものになります。

　仮に、利率８％の半年複利運用で５年間、100万円を運用した場合、課税を満期まで繰り延べた場合と、半年ごとに課税した場合とで、どの程度、元利合計金額に差が生じてくるでしょうか？

　まず、課税を繰り延べた場合ですが、

「$1,000,000 \times \{1+(8/(2 \times 100))\}^{10} = 148万244円$」

「$\{(148万244円 - 100万円) \times 0.8\} + 100万円 = 138万4,179円$」

となります。

　これに対して、半年ごとに課税していった場合は、

「$1,000,000 \times \{1+(6.4/(2 \times 100))\}^{10} = 137万241円$」

となります。つまり、５年間で１万3,938円の差が生じてくるのです。

　100万円で約１万4,000円の差が出るわけですから、運用元本が300万円、500万円、1,000万円と増えれば、当然ながら、その差は３倍、５倍、10倍と拡大していきます。

　さらに、運用期間が長くなるほど、この違いはますます拡大していきます。

　少しでも資産を効率的に運用したいのなら、「課税繰り延べ措置が受けられる金融商品を選んだ方が有利」だと言えます。

4 「年平均利回り」の求め方

> **ポイント**
> 複利運用型の金融商品と、単利運用型の金融商品との収益性を比較する上で、複利運用の元利合計金額を、単利で計算したかのようにして表示する。

● 単利と複利の商品の収益性を比べるのに使う

　前章でも年平均利回りについては触れていますが、本章は「金利計算の方法」がメインテーマですので、もう一度、簡単におさらいしておきましょう。

　複利運用型の金融商品の収益性を、他の金融商品と比較する場合に用いられる概念が「年平均利回り」という考え方です。

　簡単に説明すると、「複利運用の金融商品の収益性を、あたかも単利であるかのように表示したもの」と言えます。

　なぜ、わざわざこのようなことをする必要があるのかというと、複利運用の利息の殖え方が、単利運用のそれと異なるからです。

　単利運用の場合は、常に元本額に対して一定の率で利息が殖えていきますが、複利運用の場合は、一定期間ごとに発生する利息を元本に組み入れて運用するため、運用期間を経るごとに利息の殖え方が加速度的に上昇していくのです。

　したがって、複利運用の収益性を単利運用のそれと比較する場合は、

「年平均利回り計算」の方法

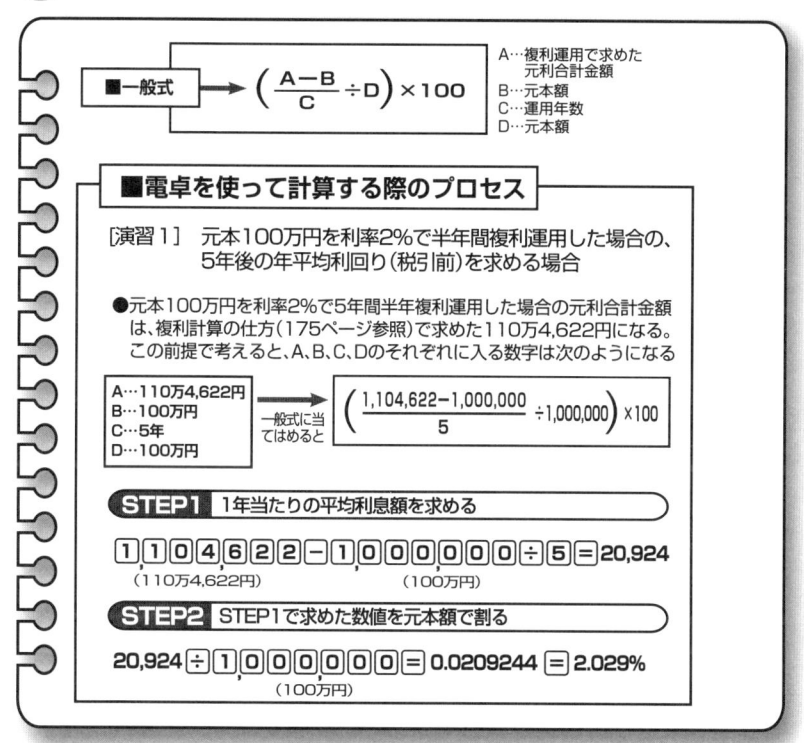

■一般式 → $\left(\dfrac{A-B}{C} \div D\right) \times 100$

A…複利運用で求めた元利合計金額
B…元本額
C…運用年数
D…元本額

■電卓を使って計算する際のプロセス

[演習1] 元本100万円を利率2％で半年間複利運用した場合の、5年後の年平均利回り（税引前）を求める場合

●元本100万円を利率2％で5年間半年複利運用した場合の元利合計金額は、複利計算の仕方（175ページ参照）で求めた110万4,622円になる。この前提で考えると、A、B、C、Dのそれぞれに入る数字は次のようになる

A…110万4,622円
B…100万円
C…5年
D…100万円

一般式に当てはめると → $\left(\dfrac{1{,}104{,}622 - 1{,}000{,}000}{5} \div 1{,}000{,}000\right) \times 100$

STEP1 1年当たりの平均利息額を求める

1104622 − 1000000 ÷ 5 = 20,924
（110万4,622円）　　　（100万円）

STEP2 STEP1で求めた数値を元本額で割る

20,924 ÷ 1000000 = 0.0209244 = 2.029％
　　　　　（100万円）

複利運用した場合の最終的な利息額を計算し、それが1年当たりでどの程度の率になるのかという平均値を求める必要があるのです。

「利率」と「利回り」は、両者とも金融商品の収益性を示した言葉で、その違いは104ページで説明したとおりですが、前者は、主に単利運用の金融商品の収益性を示す場合に、後者は、主に複利運用の金融商品の収益性を示す場合に用いられます。

つまり「利回り」は、「年平均利回り」という意味です。

なお、「利率」の場合は、小数点以下2桁までが表示されるのに対して、「利回り」の場合は、小数点以下3桁まで表示されるのが一般的です。

5 「割引率」と「利率（利回り）」の違いとは？

> **ポイント**
> 割引率と利率とでは、数字を算出する際の基準が異なる。割引方式とそうでない金融商品との収益性を比較するには、割引率を利率に直す必要がある。

● 利率と割引率は別物。単純に比較できない

　大半の金融商品の収益性は、「利率（利回り）」で表示されますが、中には「割引率」という言い方で表示されるものもあります。

　最近は、個人向けでこの手の金融商品はほとんど見られなくなりましたが、かつては債券発行金融機関の「1年物割引金融債」「5年物割引国債」など、割引方式の金融商品がいくつかありました。

　ちなみに「割引債」とは、額面価格から利息相当分を割り引いた価格で買える債券で、償還時には額面価格でお金が戻ってきます。つまり、購入時の価格と額面価格との差額が割引債の利息相当分になります。

　ところで、「割引率」で表示された金融商品と、「利率（利回り）」で表示された金融商品とを単純に比較して、両者の収益性の優劣を判断することはできません。簡単な例を挙げて説明しましょう。

　仮に、額面100万円分の割引金融債を97万円に割り引いた価格で購入できたとします。この場合、「100万円－3万円＝97万円」で買えたことになるので、この割引金融債の割引率は3％になります。

ところが、これを利率（利回り）で表示すると、利率（利回り）はあくまでも、当初元本に対してどれだけの率で収益が得られたかを表示するものなので、考え方としては、97万円の当初元本に対して3万円の収益が得られたという前提で計算します。

⊃ 割引率の収益性を利率表示に直す必要がある

「割引率」は、満期時の元利合計金額に対して収益部分が何％かを表したものですが、「利率（利回り）」は、当初元本に対して収益部分が何％かを表したものです。

計算の起点が違う以上、同じ3万円の収益が得られたとしても、パーセンテージ（％）が異なるのは当然です。

したがって、割引率で表示された金融商品と、利率（利回り）で表示された金融商品の収益性を比較する場合は、割引率で表示された金融商品の収益性を、一度利率表示に変換し直す必要があります。

また、両者の元利合計金額を比較する場合も、それぞれの当初元本を同金額に合わせる作業を行う必要があります。

「100万円を3％の割引率で1年間運用する」金融商品と、「100万円を3％の利率で1年間運用する」金融商品とでは、当初の元本が異なるからです。

後者の元本額は100万円でも、前者の元本額は97万円。これでは正確な比較ができませんから、97万円の元本額を100万円に見立てた上で、両者の元利合計金額を比較します。

上記の割引金融債の割引率3％を利回り換算すると「3.092％」。ということは、元本100万円に対して3.092％の利息が付くと考えればいいのです。すると、「103万920円」という元利合計金額が算出されます。

6 「預入期間」に応じた金利の計算方法

> **ポイント**
>
> 預入期間が1カ月、あるいは3カ月というように、ごく短期間の収益を比較する場合、1年間運用した場合に得られる収益を、事前に計算して比較する。

● 預入期間がごく短期の金融商品の利率表示をどう考えるか？

「年利率」「年利回り」と言われるように、利率や利回りとして表示されている数値は、1年間運用したことを前提にしているのが一般的です。

中には、「日歩」や「月利」といった概念もありますが、現在、個人が利用できる金融商品の収益性の多くは、「年利率」をベースに表示されています。

たとえば、年利率3％であれば、その金融商品で1年間運用した結果得られる利息が、元本に対して3％であるという意味です。

ここで注意しなければならないのは、「預入期間が1カ月とか、3カ月という短期物の金融商品の利率表示をどう考えるのか？」ということです。

1年物、2年物など、預入期間が1年の整数倍であれば元本に年利率をかけ、それを2倍、3倍することで2年物や3年物の利息額を計算できます（これは、あくまでも金利水準が変わらず、単利計算とい

「預入れ期間に応じた金利計算」の方法

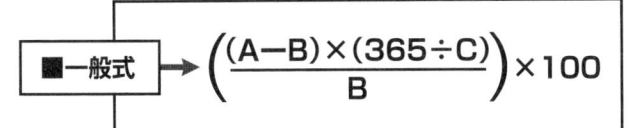

■一般式 → $\left(\dfrac{(A-B)\times(365\div C)}{B}\right)\times 100$

A…元利合計金額　B…元本額　C…運用日数

■電卓を使って計算する際のプロセス

[演習1]　元本100万円を96日間運用したところ、元本に対して9,800円の利益が得られた。
この金融商品の収益率を年利回り換算すると、何%になるか？

●A、B、Cのそれぞれに入る数字は次のようになる

A…100万9,800円（100万円に対して9,800円の利益だから）
B…100万円
C…96日

↓ 一般式に当てはめると

$\left(\dfrac{(1{,}009{,}800-1{,}000{,}000)\times(365\div 96)}{1{,}000{,}000}\right)\times 100$

STEP1 1年当たりの収益率に換算する

1,009,800 － 1,000,000 × 365 ÷ 96 ＝ 37,260
（100万9,800円）　（100万円）

●利率が変わらないという前提だと、年間3万7,260円の収益が得られる計算

STEP2 STEP1で求めた数値をベースに元本に対するパーセンテージを求める

37,260 ÷ 1,000,000 × 100 ＝ 3.726%
（100万円）

う前提のケース)。

　しかし、預入期間が１カ月や３カ月というように、１年に満たない短い場合は、実際の手取り利息額は、表示されている利率よりも低くなります。

　たとえば、以下のように利率表示がなされている定期預金があるとしましょう。

●「３カ月物スーパー定期。利率１％」の場合の金利計算

　この場合、預けて３カ月後に到来する満期日に、元本に対して１％の利息が付くわけではありません。

　もし３カ月間で１％の利息が付くのであれば、この定期預金の年利率は、４％にならないとつじつまが合いません。

　つまり、年利率１％の定期預金に３カ月間預けた場合の利息額は、「１％×（３カ月／12カ月）＝0.25％」

　になるのです。

●元本100万円を「１年間運用して１万2,000円の利息収入」と「２カ月運用して3,000円の利息収入」では、どちらが有利？

　次のようなケースも考えられます。

「元本100万円を１年間運用した結果、１万2,000円の利息収入を得られた金融商品Ａと、同じ100万円の元本額を２カ月間運用した結果、3,000円の利息収入を得られた金融商品Ｂとでは、どちらの年利率が高いのか──？」。

　単に利息収入の額で比較すれば、１万2,000円が得られた金融商品Ａの方が有利に見えますが、こちらの運用期間は１年。これに対して、金融商品Ｂの運用期間は２カ月です。

　金融商品Ａの年利率は、利息額である１万2,000円を元本額である

100万円で割れば、1.2%という数値を簡単に求めることができます。

これに対して、金融商品Bで2カ月間運用し、その結果得られた利息額3,000円を年利率換算するためには、今後も運用利回りが変わらないという前提で、1年間運用した場合にどの程度の利息額になるのかを計算すればいいのです。

つまり、2カ月間で3,000円ということは、1年（＝12カ月）なら、その6倍の1万8,000円の利息が得られると仮定できます。

そして、「1万8,000円が元本額である100万円に対して何%であるのか？」を求めればいいのです。

そうすると、金融商品Bの年利率は1.8%となり、金融商品Aの年利率1.2%を大きく上回っていることがわかります。

●「元本100万円、運用期間1年2カ月、1万3,000円の利息収入」の場合の金利計算

また、運用期間が1年2カ月で、1万3,000円の利息収入が得られたというケースも、同じように「1年当たりの利息収入はいくらか？」を求めれば、簡単に年利率を計算できます。

この場合は、12カ月を14カ月で割り、そこで求められた数字を1万3,000円にかけてやれば、1年当たりの利息額が求められます。すなわち、

「(12÷14)×1万3,000円＝1万1,142円」

元本100万円を1年間運用した結果、得られた利息額が1万1,142円ですから、この金融商品の年利率は1.11%になります。

「日歩」「月利」の考え方

> **ポイント**
> 最近はあまり用いられるケースが少なくなったが、MMFの収益計算や質屋の利息計算などでは、「日歩」や「月利」の考え方が適している。

●「MMF」の収益計算や「質屋」の利息計算で使われる

　年利率が1年当たりの利率を表す言葉であるのに対して、「日歩」は1日当たりの利率、そして「月利」は1カ月当たりの利率を表す言葉です。

　最近では、日歩や月利も含めて年利率で表示するケースが多いため、あまり用いられなくなりましたが、基本的に、1日とか1カ月といった短期の金融取引には、「日歩」や「月利」を用いた方が、金利計算がやりやすいというメリットがあります。

　日歩は、「1日当たり、元本100円に対して○銭○厘○毛の利息が付く」という表現の仕方がされます。

　たとえば、1銭5厘3毛であれば、元本1万円に対して1円53銭の利息が付くという意味です。元本が100万円であれば153円、1,000万円であれば1,530円です。

　現在でも、一部の証券会社が扱っている中期国債ファンドやMMFなどは、分配金額を「日歩」で表示するケースがあります。

「日歩」から「年利率」を計算する

$$日歩 \times 365 = 年間の利息額$$

$$\left(\frac{年間の利息額}{元本}\right) \times 100 = 年利率$$

　日経新聞のマーケット総合欄には、毎週月曜日に、各投資信託会社が運用しているＭＭＦの運用実績が掲載されていますが、ここでは、１日当たりの分配金額が「日歩」で表示され、その横に、年率換算した利回りが掲載されています。

　たとえば、野村アセットマネジメントのＭＭＦの項目を見ると、１日当たりの分配金額が0.0842円、年利率が0.307％となっています。この１日当たりの分配金額に365をかけると、１年間で得られる分配金額が計算できます。

　ちなみに、ここで表示されている分配金額は、元本１万円に対してのものです。

　これに対して「月利」は、質屋の金利計算方法に用いられます。質屋に担保を入れてお金を借り入れる場合、月末を超えるたびに金利が発生するため、年利よりも月利で表示した方が、利息計算がやりやすいからです。

8 小数点以下の「切り上げ」「切り下げ」について

> **ポイント**
> 小数点以下何位まで表示するのかという点については、金融商品の種類によって異なる。ただ、これは何か決まったルールがあるわけではない。

● 各金融商品はどう表示されているのか？

　新聞や雑誌などに掲載されている主要金融商品の金利一覧表を見ると、金融商品によって、利率が小数点以下2桁まで表示されているもの、3桁まで表示されているものなどバラツキがあります。

　これは、明確な根拠に基づいて使い分けられているのではなく、ある種の〝商慣行〟と考えて差し支えないでしょう。

　たとえば、単利で運用される金融商品の利率は、小数点以下2桁表示になっています。

　また、複利で運用される金融商品の年平均利回りは、小数点以下3桁まで表示されるのが一般的です。

　しかし、信託銀行が扱っているビッグの場合、複利運用型の金融商品でありながら、利回りの表示は、小数点以下2桁の表示となっています。

　以下、金融商品について、小数点以下の表示がどのようになっているのか具体的に見ていきましょう。

●小数点以下1桁まで表示

　国債や社債など国内債券の表面利率。長期プライムレート。抵当証券の利率。

●小数点以下2桁まで表示

　普通預金、スーパー定期、通常貯金、ニュー定期の利率。金銭信託、貸付信託（ビッグを含む）、ヒットの配当率。長期公社債投信の予想分配率。公定歩合。コール・レート。CD（譲渡性預金証書）レート。住宅金融支援機構の貸出金利。

●小数点以下3桁まで表示

　3年物以上のスーパー定期、ニュー定期の利回り。国内債券の所有期間利回りや最終利回りなど。中期国債ファンド、MMFの予想分配率。ワイドの年平均利回り。民間金融機関の住宅ローン金利。

　以上が主だったところですが、たとえば外貨預金の一部には、小数点以下5桁まで利率表示を行っているところもあります。

　さらに、預入期間3年未満のスーパー定期の場合、従来は小数点以下2桁まで表示するのが一般的でした。しかし、最近では、小数点以下3桁の部分を「0」にした上で、3桁まで表示している銀行もあります。

　また、債券の利回り計算をする場合、実際に算出された数値が割り切れずに、小数点以下3桁以降も続いてしまうことがあります。

　このような場合、小数点以下4桁目を切り捨てて利回りが表示されます。たとえば、利回り計算の数値が「2.13578……」となった時は、「2.135％」になるのです。

　なぜ、小数点以下4桁目を四捨五入して2.136％にしないのかというと、このような表示は、実際よりも高いレートに見せかける過当表示になる恐れがあるからです。

9 運用資金が倍になる期間を簡単に計算する方法とは？

> **ポイント**
> 資産を倍にするためには、どのくらいの期間が必要なのかを算出する法則がある。多少の誤差はあるが「72」を利率で割れば、簡単に計算できる。

◯ たとえば年率５％なら、投資資金が倍になるには14.4年(概算)かかる

「72の法則」というのがあります。多少の誤差はありますが、これは「72を利率で割って算出された数値が運用資産が倍になる年数」ということです。たとえば、年利率５％の金融商品であれば、
「72÷5＝14.4年」

になります。また、某大手銀行の2009年８月現在のスーパー定期（５年物、300万円未満）の年利率0.300％であれば、この利率で資産を運用して２倍にするには、何と240年もかかる計算になります。

ここまで説明してきた金利の計算方法は、基本中の基本で、要は、一定の元本を一定の利率で一定期間運用した場合に、手取り利息がどの程度になるのかを求めるものが中心でした。その応用として、たとえば100万円の元本を３％で運用していき、「150万円になるにはどの程度の期間が必要なのか？」といった計算もできます。

この手の計算ができれば、より資金の運用計画を立てやすくなるでしょう。「72の法則」は、その最も簡単なものと考えてください。

今ある投資資金が倍になる期間の出し方

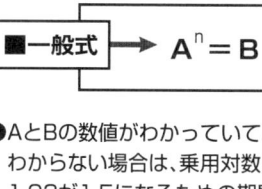

一般式 → $A^n = B$

A…元本＝100万＋3万＝103万
B…150万

● AとBの数値がわかっていて、「n」の部分が
わからない場合は、乗用対数を用いる。
1.03が1.5になるための期間を求める場合、

$$1.03^n = 1.5$$

● この「n」を求めるには、

$$n \log 1.03 = \log 1.50$$

● さらに変形して、関数電卓を使って計算すると、

$$n = \frac{\log 1.50}{\log 1.03} = \frac{0.176091259}{0.012837224} = 13.7172$$

　では、もう少し詳細な数値を出すにはどうすればいいのでしょう？ 100万円の元本を年3％の利率で運用した場合、150万円になるにはどのくらいの期間が必要か計算してみましょう。

　この計算を行うには、ちょっと難しいかもしれませんが、乗用対数の計算式を用いる必要があります。いわゆる「log式」で（高校1年生の数学で学んでいると思います）、一般式は次のようになります。

　まず、元本100万円が150万円になるのですから、
「150万円÷100万円＝1.5」
　つまり、元本が1.5倍になるということです。

　これに対して元本1が3％ずつ増えていくわけですから、元本部分は1.03。つまり、「1.03のn乗が1.5になるためのnが、いくらになるのか？」を求めればいいのです。この計算をするために、上記の一般式に所与の数値をあてはめると、以下のような式になります。

「n log1.03＝log1.50　　n＝log1.50／log1.03」

PART5.金融機関にカモにされないための「金利計算」基礎知識

ここで、「log1.50」と「log1.03」がいくらになるのかを求めるには、関数電卓が必要になってきます。ここでは、関数電卓があるものとして、計算式を解いていきたいと思います。

　関数電卓のlogキーを押し、次いで1.50の数値をインプットすると、「0.176091259」という数値が算出されます。同じ要領で、log1.03をインプットすると、今度は「0.012837224」という数値が求められます。あとはただの割り算をするだけです。

「0.176091259÷0.012837224＝13.7172」

　年３％の利率で100万円を運用していった時、150万円になるためには「13.7年」かかるということです。

➡ 預貯金金利で老後の暮らしをまかなうなど夢のまた夢

　なお、右図は、一定の利率で運用していった時に、元本１が何年で何倍になるのかを表しています。たとえば、利率が１％の場合、元本が1.2倍になるのに必要な年数は、18.3年ということです。

　ちなみに、前述した2009年８月現在におけ某大手銀行のスーパー定期（５年物、300万円未満）の利率0.300％で100万円を運用し、元本が倍の200万円になるにはどの程度の年数が必要かというと、右図の2.0倍が利率の0.30％で交差するところを見ればおわかりのように、231.4年かかることになります（「72の法則」での数値はあくまでも概算で、こちらがより正確な数値）。

　もちろん、金利は上昇・低下を繰り返していますから、やがては金利水準が上昇することもあるでしょう。ただ、これからの日本経済が低成長続きということになれば、超低金利が常態化することも考えられます。その意味では、「もう、預貯金ではお金を殖やすことができない」と考えた方がいいかもしれません。

一定の利率で運用した場合、元本額が増えるのに必要な期間

●元本の増加率（元本1に対する倍数）

(単位：年)

利率	1.1倍	1.2倍	1.3倍	1.4倍	1.5倍	1.6倍	1.7倍	1.8倍	1.9倍	2.0倍
0.10%	95.4	182.4	262.5	336.6	405.7	407.2	530.9	588.1	642.2	693.5
0.20%	47.4	91.3	131.3	168.4	202.9	235.2	265.6	294.3	321.2	346.9
0.30%	31.8	60.9	87.6	112.3	135.4	156.9	177.1	196.2	214.3	231.4
0.40%	23.9	45.7	65.7	84.3	101.6	117.7	132.9	147.2	160.8	173.6
0.50%	19.1	36.6	52.6	67.5	81.3	94.2	106.4	117.9	128.7	139.0
0.60%	15.9	30.5	43.9	56.2	67.8	78.6	88.7	98.3	107.3	115.9
0.70%	13.7	26.1	37.6	48.2	58.1	67.4	76.1	84.3	92.0	99.4
0.80%	12.0	22.9	32.9	42.2	50.9	59.0	66.6	73.8	80.6	87.0
0.90%	10.6	20.3	29.3	37.6	45.3	52.5	59.2	65.6	71.6	77.4
1.00%	9.6	18.3	26.4	33.8	40.7	47.2	53.3	59.1	64.5	69.7
1.10%	8.7	16.7	24.0	30.8	37.1	43.0	48.5	53.7	58.7	63.4
1.20%	8.0	15.3	22.0	28.2	34.0	39.4	44.5	49.3	53.8	58.1
1.30%	7.4	14.1	20.3	26.1	31.4	36.4	41.1	45.5	49.7	53.7
1.40%	6.9	13.1	18.9	24.2	29.2	33.8	38.2	42.3	46.2	49.9
1.50%	6.4	12.2	17.6	22.6	27.2	31.6	35.6	39.5	43.1	46.6
1.60%	6.0	11.5	16.5	21.2	25.5	29.6	33.4	37.0	40.4	43.7
1.70%	5.7	10.8	15.6	20.0	24.1	27.9	31.5	34.9	38.1	41.1
1.80%	5.3	10.2	14.7	18.9	22.7	26.3	29.7	32.9	36.0	38.9
1.90%	5.1	9.7	13.9	17.9	21.5	25.0	28.2	31.2	34.1	36.8
2.00%	4.8	9.2	13.2	17.0	20.5	23.7	26.8	29.7	32.4	35.0
2.10%	4.6	8.8	12.6	16.2	19.5	22.6	25.5	28.3	30.9	33.4
2.20%	4.4	8.4	12.1	15.5	18.6	21.6	24.4	27.0	29.5	31.9
2.30%	4.2	8.0	11.5	14.8	17.8	20.7	23.3	25.8	28.2	30.5
2.40%	4.0	7.7	11.1	14.2	17.1	19.8	22.4	24.8	27.1	29.2
2.50%	3.9	7.4	10.6	13.6	16.4	19.0	21.5	23.8	26.0	28.1
2.60%	3.7	7.1	10.2	13.1	15.8	18.3	20.7	22.9	25.0	27.0
2.70%	3.6	6.8	9.8	12.6	15.2	17.6	19.9	22.1	24.1	26.0
2.80%	3.5	6.6	9.5	12.2	14.7	17.0	19.2	21.3	23.2	25.1
2.90%	3.5	6.4	9.2	11.8	14.2	16.4	18.6	20.6	22.5	24.2
3.00%	3.3	6.2	8.9	11.4	13.7	15.9	18.0	19.9	21.7	23.4
3.10%	3.2	6.0	8.6	11.0	13.3	15.4	17.4	19.3	21.0	22.7
3.20%	3.1	5.8	8.3	10.7	12.9	14.9	16.8	18.7	20.4	22.0
3.30%	3.0	5.6	8.1	10.4	12.5	14.5	16.3	18.1	19.7	21.3
3.40%	2.9	5.5	7.8	10.1	12.1	14.1	15.9	17.6	19.2	20.7
3.50%	2.9	5.3	7.6	9.8	11.8	13.7	15.4	17.1	18.7	20.1
3.60%	2.8	5.2	7.4	9.5	11.5	13.3	15.0	16.6	18.1	19.6
3.70%	2.7	5.0	7.2	9.3	11.2	12.9	14.6	16.2	17.7	19.1
3.80%	2.6	4.9	7.0	9.0	10.9	12.6	14.2	15.8	17.2	18.6
3.90%	2.5	4.8	6.9	8.8	10.6	12.3	13.9	15.4	16.8	18.1
4.00%	2.4	4.6	6.7	8.6	10.3	12.0	13.5	15.0	16.4	17.7
4.10%	2.4	4.5	6.5	8.4	10.1	11.7	13.2	14.6	16.0	17.3
4.20%	2.3	4.4	6.4	8.2	9.9	11.4	12.9	14.3	15.6	16.8
4.30%	2.3	4.3	6.2	8.0	9.6	11.2	12.6	14.0	15.2	16.5
4.40%	2.2	4.2	6.1	7.8	9.4	10.9	12.3	13.7	14.9	16.1
4.50%	2.2	4.1	6.0	7.6	9.2	10.7	12.1	13.4	14.6	15.7
4.60%	2.1	4.1	5.8	7.5	9.0	10.5	11.8	13.1	14.3	15.4
4.70%	2.1	4.0	5.7	7.3	8.8	10.2	11.6	12.8	14.0	15.1
4.80%	2.0	3.9	5.6	7.2	8.6	10.0	11.3	12.5	13.7	14.8
4.90%	2.0	3.8	5.5	7.0	8.5	9.8	11.1	12.3	13.4	14.5
5.00%	2.0	3.7	5.4	6.9	8.3	9.6	10.9	12.0	13.2	14.2
6.00%	1.6	3.1	4.5	5.8	7.0	8.1	9.1	10.1	11.0	11.9
7.00%	1.4	2.7	3.9	5.0	6.0	6.9	7.8	8.7	9.5	10.2
8.00%	1.2	2.4	3.4	4.4	5.3	6.1	6.9	7.6	8.3	9.0
9.00%	1.1	2.1	3.0	3.9	4.7	5.5	6.2	6.8	7.4	8.0
10.00%	1.0	1.9	2.8	3.5	4.3	4.9	5.6	6.2	6.7	7.3

10 為替の「損益分岐点」の求め方

> **ポイント**
> 外貨投資をする場合、どこまで円高が進んだら自分が持っているポジションに損失が出るのか把握する必要がある。「損益分岐点」を求める方法をマスターしよう。

● 元本割れしない為替レートを把握し、投資することが大事

　外貨建て金融商品で運用する場合、「自分が持っている外貨の損益分岐点がどこになるのか？」を押さえておく必要があります。

　これはイコール、「為替レートがどこまで円高になったら為替差損が発生するのか？」ということです。

　自分が預けた外貨預金の損益分岐点を求める場合、まず、預けたお金（＝元本）が外貨建てでいくらかを計算します。

　外貨預金をするということは、手持ちの円を売って外貨を買うことですから、外貨を購入する際の為替レート、つまり、ＴＴＳで円建て預入金額を割れば、簡単に外貨建ての元本額が計算できます。

　右図に沿って説明すると、ここではＴＴＳレートが１ドル＝120円ですから、米ドル建ての元本額は8,333.33米ドルになります。この米ドル建ての元本に対して４％の利息が付くわけですから、１年が経過した後の利息額は333.33米ドルになります。

　次に、満期がきて換金する際には、この利息に対して20％の源泉

外貨預金の「損益分岐点」を計算する

STEP1 外貨建ての元本額を求める

円建て預入金額 ÷ 預入時のTTS = 外貨建て元本額 …(1)

STEP2 満期時の外貨建て元利合計金額を求める

外貨建て元本額 × 利率 × 預入日数／365 = 外貨建て利息 …(2)

利息 × 20％ = 源泉徴収額 …(3)

(1) + (2) − (3) = 満期時の外貨建て元利合計金額 …(3)

STEP3 損益分岐点を求める

円建て預入金額 ÷ 満期時の外貨建て元利合計金額 = 損益分岐点

計算例 100万円を利率4.00％の1年物米ドル建て外貨定期預金で運用した場合、損益分岐点となる満期時のTTBはいくらか？　なお、預入時のTTCは1ドル＝120円とする

- 100万円÷120＝8,333.33ドル……外貨建て元本額
- 8,333.33ドル×4.00％×365／365＝333.33……外貨建て利息
- 333.33ドル×20％＝66.66ドル……源泉徴収額
- 8,333.33ドル＋266.66ドル＝8,599.99ドル……外貨建て元利合計金額
- 100万円÷8,599.99ドル＝116.27円……損益分岐点となる満期時のTTBレート

分離課税がされ、税引後の元利合計金額は、8,333.33米ドルに課税後の利息である266.66米ドルを加えた8,599.99米ドルになります。

　元本割れしない為替レートとは、外貨を売却して円を購入する時に適用される為替レート、つまり「TTBがいくらか？」ということです。

　この数値を求めるには、円建ての購入資金である100万円を、外貨建ての元利合計金額（課税後）である8,599.99米ドルで割ればいいのです。

　そうすると、1米ドル＝116円27銭という数値が算出されます。これが、このケースの外貨預金の「損益分岐点」です。

11 「ローン」の金利計算を考えてみよう

> **ポイント**
>
> 「元金均等償還方式」「元利均等償還方式」「アドオン方式」など、ローン商品の金利計算方法はいろいろとある。不必要にローン支払い額を増やさないためにも、しっかりと違いを理解しておこう。

● 預貯金金利だけでなく、融資金利にも要注目！

　一般に、「資産運用」という場合、預貯金や債券、投資信託といった金融商品への運用を頭に浮かべる方が大半だと思います。

　しかし、個人の資産運用における収支じりを考える場合、「ローン」の存在を抜きに語ることはできません。

　金融商品への運用だけでなく、自宅や自動車などの大型商品を購入するための住宅ローンや自動車ローン、また、子供の教育費を捻出するための教育ローンなど、ライフプランのいくつかの局面で、必ず金融機関などから資金を借り入れる必要性に迫られます。

　本当の意味での資産運用とは、これら負債も含めてトータルで考えることが大切です。その意味でも、ローン関係の金利計算の基礎知識は、最低限身に付けておきたいところです。

　特に、昨今のような超低金利下においては、ローンをいかに上手に活用するかが、資産運用の側面でも求められてきます。

⊃「返済方法」の基本は３つ

　超低金利の時代に、余裕資金を預貯金などの運用に回したところで、得られる利息などたかが知れています。

　しかし、もし高金利時に行った借入れがあれば、余裕資金の一部で繰上げ返済をしたり、借換えを行ったりすることで、金利負担を大幅に減らすことができます。

　もしも、これまで６％の借入利息で組んでいたローンを、借換えにより３％まで下げることができれば、実質的に、これは３％で資金を運用しているのと同じになるのです。

　基本的にローンは、長期割賦返済（長期にわたる分割返済のこと）を原則としており、その方法は、「元金均等償還方式」「元利均等償還方式」「アドオン方式」の３つが基本になっています。

　詳しい仕組みについては次項以降で説明しますが、ざっと説明すると、「元金均等償還方式」とは、毎回返済する額のうち、利息部分を除いた元本部分を毎回一定額にする返済方法です。

　これに対して「元金均等償還方式」は、毎回支払うべき元利金が一定になる返済方法です。

　そして「アドオン方式」とは、返済が終わるまで、当初の借入額を元本として利息計算が行われるものです。

　アドオン方式は、自動車ローンの返済方法に適用されるケースが多いのですが、注意しなければならないのは、当初の借入額が減らないことを前提に利息計算が行われるため、実際に表示されている借入利率以上に、金利負担が重くなるのです。

　次項以降、これら３つの利息計算の方法を比較しながら、具体的に、それぞれの返済方法の違いを考えていきたいと思います。

12 「元金均等償還方式」の金利計算方法

> **ポイント**
> 「元金均等償還方式」の特徴は、当初負担が大きいが、回数を重ねるごとに返済負担が軽くなること。年齢を重ねるにつれ住宅ローン負担を減らした時などに好都合。

●「元金均等償還方式」の仕組み＆事例

「元金均等償還方式」で返済金額を計算する場合は、「1回当たりの返済金額に、前回の借入残高に対する利息を加える」と考えます。その仕組みを理解するために、次のようなケースを想定してみましょう。

事例1

100万円を元金均等償還方式によって借り入れ、1年後に第1回目の返済を行ない、以後、1年ごとに返済し続け、10回目（10年後）に全額を返済し終える場合、各回における返済金額および返済金総額はいくらになるか？　なお、年利率は8％とする。

右図を見てわかるように、1回目から10回目まで元金部分の返済金額は、常に一定です。つまり、100万円の借入金額を10回に分割して返済するわけですから、1回当たりの元金部分の返済金額は、
「100（万円）÷10（回）＝10（万円）」

「元金均等償還方式」の返済例

条件	■借入金利＝8%　■借入期間＝10年　■借入金総額＝100万円　■返済回数＝10回

返済回数	元金部分の返済額	前回の借入残高	前回の借入残高に対する利息	返済金額
1回目	100,000	1,000,000	80,000	180,000
2回目	100,000	900,000	72,000	172,000
3回目	100,000	800,000	64,000	164,000
4回目	100,000	700,000	56,000	156,000
5回目	100,000	600,000	48,000	148,000
6回目	100,000	500,000	40,000	140,000
7回目	100,000	400,000	32,000	132,000
8回目	100,000	300,000	24,000	124,000
9回目	100,000	200,000	16,000	116,000
10回目	100,000	100,000	8,000	108,000
計	1,000,000	－	440,000	1,440,000

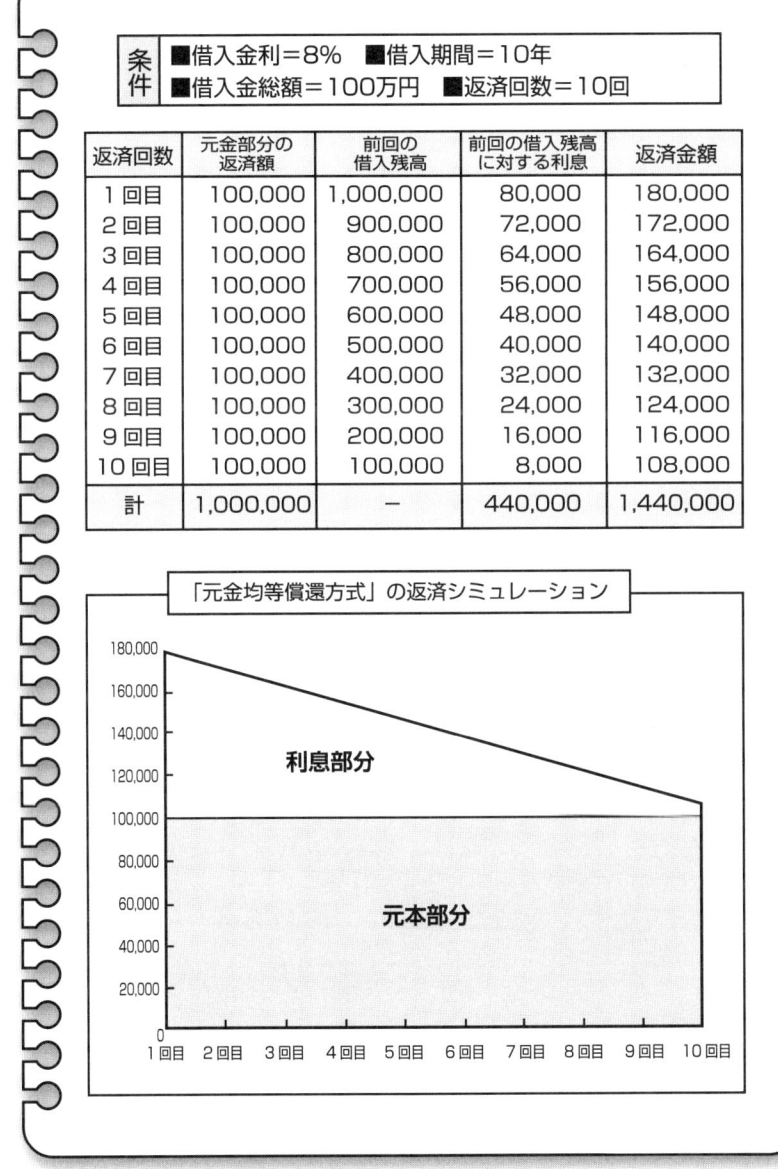

「元金均等償還方式」の返済シミュレーション

PART5.金融機関にカモにされないための「金利計算」基礎知識

つまり、10万円ずつ10回に分けて返済するという考え方になります。
　次に、利息部分の計算です。「前回の借入残高に対する利息を加える」ということなので、1回目の返済時における前回の借入残高は、当初の借入総額にあたる100万円になります。100万円に対して8％の借入金利ですから、1回目に支払う金利部分は、
「100（万円）×8（％）＝8（万円）」
　したがって、1回目の返済時における返済金総額は、元金部分の10万円に、金利部分の8万円を加えた18万円になります。
　2回目以降の返済金総額も、同じ要領で計算できます。元金部分の10万円は変わらず。金利部分は、当初の借入総額である100万円から、第1回目の返済金額である10万円を差し引いた90万円に対する8％。つまり、
「90（万円）×8（％）＝7万2,000円」
　これに、元本部分に相当する10万円を加えた17万2,000円が、2回目の返済金総額になります。
　前ページの図表に示したように、元金均等償還方式の特徴は、返済当初の負担が大きく、返済回数を重ねていくごとに、徐々に返済負担が軽くなることです。したがって、定年後も住宅ローンの返済が残る場合などに利用するといいでしょう。
　つまり、給与の上昇が見込まれ、返済余力も高い現役時代に返済負担を重くし、収入が限られてくる定年後に向けて、徐々に返済負担を軽くするという考え方です。
　さらに図表を見ていただければわかると思いますが、元金均等償還方式は、すべての返済回次において、元金部分の返済金額は一定です。
　したがって、たとえば「4回目の返済金総額が知りたい」とか「8回目の返済金総額はいくらになるのか？」というように、任意の回次における返済金額を求めるためには、利息部分の返済金額さえわかれ

【事例1】の求め方

任意の返済回次における利息返済金額を求める

■一般式

$$\frac{当初借入額}{返済回数} \times \{返済回数 - (当該回次 - 1) \times 利率\}$$

■仮に、事例1のケースで、2回目に返済する時の利息額を求めるには、

$$\frac{100万円}{10} \times \{10 - (2-1) \times 8\%\} = 72,000 (円)$$

ばいいのです。これを求めるためには、上記の一般式に必要な数字をあてはめれば、簡単に計算できます。

事例2

事例1の前提をベースに考えると、5回目の返済金総額はいくらになるのか?

事例1でも説明しましたが、各返済回次における金利部分の支払い総額を求めるには、前回の元金部分の借入残高に対して、借入利率を

かける必要があります。

　つまり、この一般式のうち「10万円×｛10―（5―1）｝」の部分は、4回目の返済が終わった後の元金部分の借入残高（60万円）を表しています。したがって、5回目の金利部分の支払い総額は、60万円の8％にあたる4万8,000円となり、元金部分も含めた5回目の返済金総額は、14万8,000円になるのです。

　次に、すべての返済が終了するまでに、金利部分の返済金額がトータルでいくらになるのかを計算してみましょう。

　事例1で使った一般式をもう一度考えて見てください。この場合、元本部分の支払い総額と適用利率は、返済回次の違いにかかわらず常に一定ですから、「｛返済回数―（当該回次―1）｝」の部分だけが変動することになります。これを1回目の返済から10回目の返済まで計算すると、次のようになります。

- 1回目………… ｛10―（1―1）｝＝10
- 2回目………… ｛10―（2―1）｝＝9
- 3回目………… ｛10―（3―1）｝＝8
- 9回目………… ｛10―（9―1）｝＝2
- 10回目………… ｛10―（10―1）｝＝1

　これを再び一般式にあてはめると、支払い利息の合計額は、以下の式で計算できます。

「10万円×｛10＋9＋8＋7＋……＋2＋1｝×8％＝44万円」

　しかし、この計算方法は返済回数が少ない時には簡単ですが、返済回数が増えてくると、計算にかなりの手間がかかります。

　そこで、等差級数の和を利用して計算式を変形すると、｛10＋9＋8＋7＋……＋2＋1｝の部分は、｛（10＋1）×10｝／2と簡略化されます。したがって、この場合の一般式は、右図の下段のように表すことができます。

【事例2】の求め方

[事例2] 事例1の前提（利率8%で100万円を借り入れ、1年ごとに10回に分けて返済する）をベースに、5回目の返済金総額を求める

■まず、5回目の返済時における利息部分の支払額を求める。事例1の一般式に当てはめると、

$$\frac{100万円}{10} \times \{10-(5-1)\times 8\%\} = 48{,}000(円)$$

■支払利息の合計を求めるには、次の一般式を使う

$$\frac{当初借入額}{返済回数} \times \frac{(返済回数+1)\times 返済回数}{2} \times \frac{利率}{100}$$

■実際に、事例1の数字を代入して計算すると、

$$\frac{100万円}{10} \times \frac{(10+1)\times 10}{2} \times \frac{8}{100} = 440{,}000(円)$$

■さらに、特定の支払回次（当該回次）における支払総額を求めるためには、次の一般式を利用する

$$\frac{当初借入額}{返済回数} \times \left\{1+(返済回数-当該回次+1)\times \frac{利率}{100}\right\}$$

13 「元利均等償還方式」の金利計算方法

> **ポイント**
> 毎回の返済金額が同額になるため、返済計画を立てやすい。ただし、最初は金利支払いを厚めにするため、なかなか元金が減らないデメリットも。

⇨「元利均等償還方式」の仕組み＆事例

「元金均等償還方式」が、返済回数を重ねていくごとに少しずつ返済金額が減っていくのに対して、「元利均等償還方式」は、毎回の返済金額が一定になります。

つまり、返済金額が常に一定になるよう、元金と金利部分の返済金額が調整されるもので、住宅ローンなどでよく用いられる計算方法です。

長期の住宅ローンを組んでいる人から、「もう長いこと返済してるけど、返しているのは金利部分だけで、元金部分は全然減っていないんだよね」といった嘆きをよく聞きます。

これこそ、「元利均等償還方式」のワナなのです。返済期間を通じて借入金利が変動しなかった場合、返済終了間際に比べ、返済当初の方が借入元本額が大きい分だけ、支払利息の額も大きくなります。

これが「元金均等償還方式」であれば、返済回数を重ねるごとに借入元本部分が減少するため、たとえ金利水準が一定でも、支払利息の額も減少し、結果的に毎回の支払総額は減少していきます。

「元利均等償還方式」の返済例

条件：■借入金利＝8%　■借入期間＝10年
　　　■借入金総額＝100万円　■返済回数＝10回

返済回数	元本部分	利息部分	返済金総額	借入金残高
				1,000,000
1回目	69,029	80,000	149,029	930,971
2回目	74,552	74,478	149,029	856,419
3回目	80,516	68,513	149,029	775,903
4回目	86,957	62,072	149,029	688,945
5回目	93,914	55,116	149,029	595,032
6回目	101,427	47,603	149,029	493,605
7回目	109,541	39,488	149,029	384,063
8回目	118,304	30,725	149,029	265,759
9回目	127,769	21,261	149,029	137,990
10回目	137,990	11,039	149,029	0
計	1,000,000	490,295	1,490,290	—

「元利均等償還方式」の返済シミュレーション

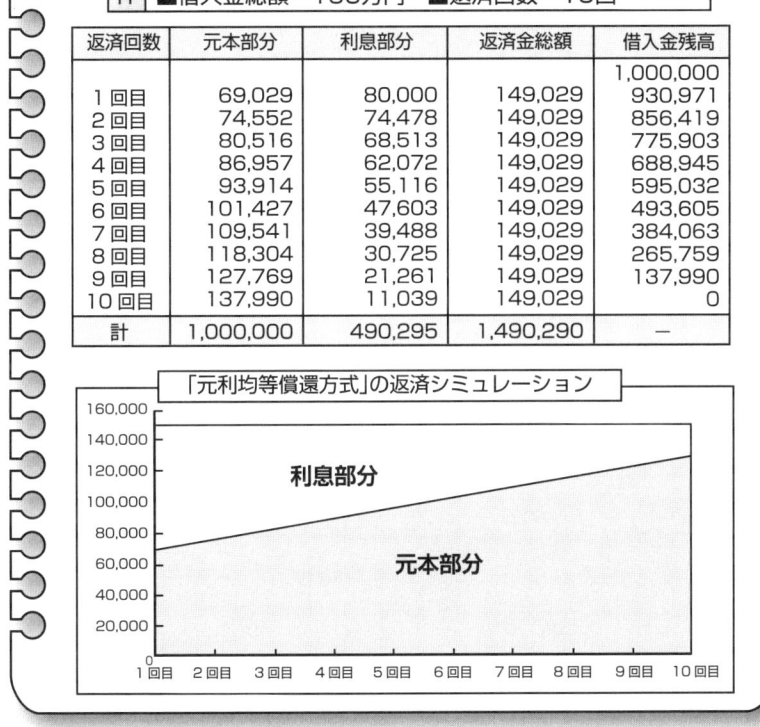

（グラフ：利息部分／元本部分）

　ところが「元利均等償還方式」の場合は、常に毎回の返済金額が一定なので、返済当初は金利部分の返済金額が大きい分だけ、借入元本部分の返済金額を少なくしないと計算が成り立たなくなるのです。

　つまり、元利均等償還方式で住宅ローンを組むと、まさに「金利負担ばかりで元本減らず」という状況になってしまうのです。

　では、具体的に「元利均等償還方式」による返済金額の計算方法について考えてみましょう。

　考え方としては、前回の返済時点における借入金残高から今回の返済時点までに生じた利息に、借入元本の一部を加えたものを1回ごと

の返済金額として、それが毎回同じ返済金額になればいいのです。

> **事例1**
>
> 100万円を元利均等償還方式によって借り入れ、1年後に第1回目の返済を行ない、以後、1年ごとに返済し続けて10回目（10年後）に全額を返済し終える場合、各回における返済金額および返済金総額はいくらになるか？　なお、年利率は8%とする。

　簡単に比較できるよう、借入元本や返済回数、年利率などの条件設定を元金均等償還方式と同じにしてみました。

　毎回、返済する金額を仮にXとすると、利息を含む返済直後の借入金残高は、右図のようになります。

　借入れをしてから1年後に到来する第1回目の返済時には、借入元本に金利が付いて108万円になっています。

　したがって、第1回目の返済を終えた直後の借入金残高は、108万円から返済金額であるXを差し引いた「108万円—X」になります。

　次に、2回目の返済時には、第1回目の返済直後の借入金残高である「108万円—X」に対して8％の金利が付きますから、

「(108万円—X)×(1+0.08)」

　の借入金残高から毎回の返済金額であるXを差し引いた

｛(108万円—X)×(1+0.08)｝—X

　が、2回目の返済を終えた直後の借入金残高になります。

　この計算式を、全額返済し終える10回目まで繰り返していき、その時点で借入元本がゼロになるようなXを求めればいいのです。

　これを一般式で表すと、右図のようになります。したがって、完済時までに支払う利息総額は、下記の計算式で表せます。

「支払い利息総額＝（毎回時の返済金額×返済回数）—当初借入額」

【事例1】の求め方

元利均等償還方式における毎回次の返済金額の計算は、次の一般式で求められる

$$当初借入額 \times \frac{\frac{利率}{100}}{1-\left(1+\frac{利率}{100}\right)^{-返済回数}}$$

■事例で与えられた数字を入れていくと、

| 条件 | ■当初借入額……100万円 ■返済回数……10回 ■利率……8.00% |

$$100万円 \times \frac{\frac{8.00}{100}}{1-\left(1+\frac{8.00}{100}\right)^{-10}}$$

■マイナスの乗数計算は、関数電卓やパソコンの表計算ソフトがあれば簡単に求めることができるが、これをさらに変形することによって、通常の電卓でも計算できる

$$100万円 \times \frac{0.08}{1-\frac{1}{(1+0.08)^{10}}}$$

$$= 100万円 \times \frac{0.08}{1-\frac{1}{2.158924997}}$$

$$= 100万円 \times \frac{0.08}{1-0.463193488}$$

$$= 100万円 \times 0.149029488 = 149,029$$

■ちょっと手間がかかるが、この計算によって、毎回の支払金額である14万9,029円という数字を求めることができる

　以上の計算式にのっとって、毎回次の返済金額と支払利息総額を計算すると、毎回の返済金額は「14万9,029円」。そして、支払利息総額は「49万290円」になります。

　これを元金均等償還方式で計算した場合の支払い利息総額と比較するとわかりますが、元利均等償還方式の方が支払い利息の負担は重くなります。

　ただ、元利均等償還方式の場合、毎回次の返済金額が一定であることから、元金均等償還方式に比べて返済計画が立てやすいと言えるでしょう。

14 「アドオン方式」の金利計算方法

> **ポイント**
>
> 「アドオン方式」は自動車ローンの返済などに用いられるが、元金が減らないことを前提に金利計算が行われる。このため、ほかの金利計算方式に比べて支払いが増えるというデメリットがある。

●「アドオン方式」の仕組み&事例

「元金均等償還方式」「元利均等償還方式」と、ローンの利息計算方法について見てきましたが、返済方式の中で最も不利な利息計算方法が、「アドオン方式」によるものです。

なぜ、不利なのでしょうか？

元金および元利均等償還方式は、返済回数を重ねるごとに返済金額が低っていく、あるいは同じといった違いはありますが、両者とも徐々に借入金残高が減少していき、それに対して借入利息が計算されるという点で、同種のものと考えていいでしょう。

ところが「アドオン方式」は、返済が終了するまで、当初の借入元本が減少しないという前提で利息計算が行われます。

同じ10%の借入金利でも、返済回数を重ねるごとに借入残高が減少していけば、その分だけ利息負担も減少していきますが、借入残高が変わらないという前提で計算されてしまう以上、支払利息の負担は

「アドオン方式」の返済例

| 条件 | ■借入金利＝8%　■借入期間＝10年　■借入金総額＝100万円　■返済回数＝10回 |

返済回数	元本部分	利息部分	返済金総額	借入金残高
				1,000,000
1回目	100,000	80,000	180,000	900,000
2回目	100,000	80,000	180,000	800,000
3回目	100,000	80,000	180,000	700,000
4回目	100,000	80,000	180,000	600,000
5回目	100,000	80,000	180,000	500,000
6回目	100,000	80,000	180,000	400,000
7回目	100,000	80,000	180,000	300,000
8回目	100,000	80,000	180,000	200,000
9回目	100,000	80,000	180,000	100,000
10回目	100,000	80,000	180,000	0
計	1,000,000	800,000	1,800,000	－

「アドオン方式」の返済シミュレーション

PART5.金融機関にカモにされないための「金利計算」基礎知識

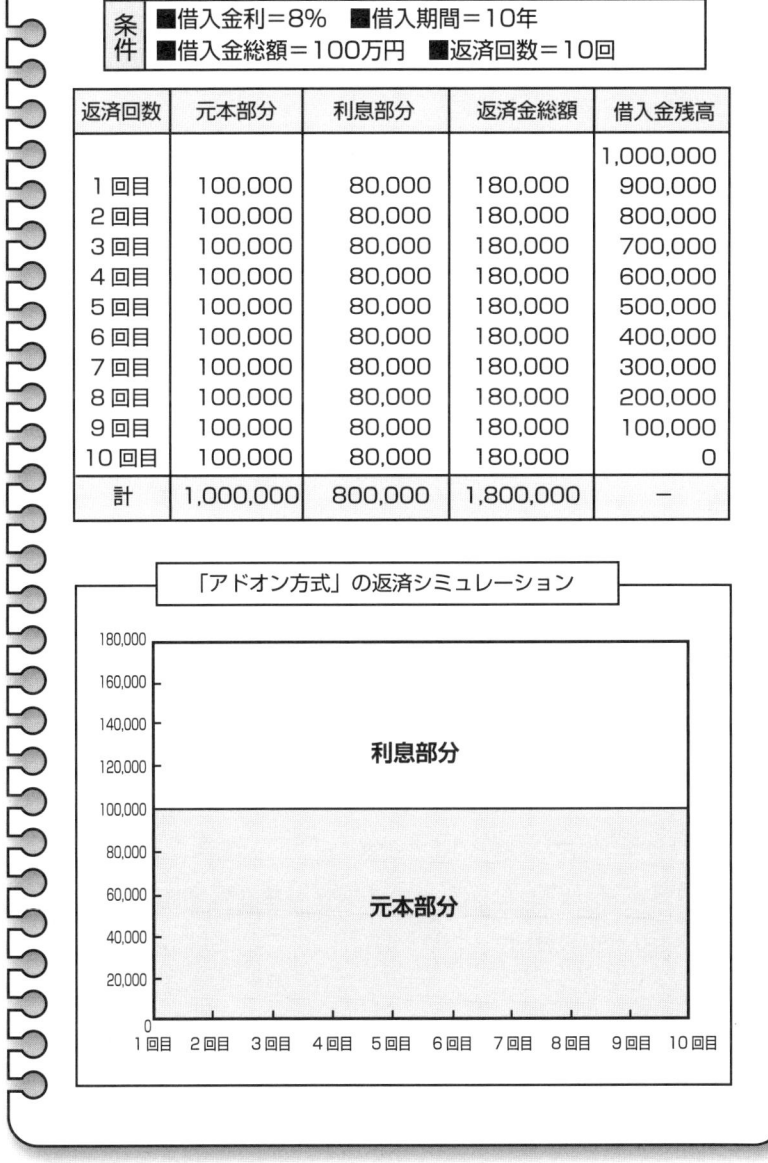

軽くならないのです。

　したがってアドオン方式の場合、実質的な借入金利は、表示されている借入金利よりも高くなります。

　ちなみに、アドオン方式による返済額は、元利均等償還方式と同じように毎回同じ金額になります。

　また、実質的な金利負担が重いからか、アドオン方式を用いたローンは、自動車ローンやその他の耐久消費財の購入時に組むローンに適用される（つまり、比較的短期のローン）ケースが多いようです。

　では、実際にアドオン方式による支払利息、および返済総額の計算をしてみましょう。

　この方式は、元金均等償還方式や元利均等償還方式に比べて、利息計算は比較的簡単に行うことができます。

事例1

　100万円をアドオン方式によって借り入れ、1年後に第1回目の返済を行い、以後、1年ごとに返済し続けて10回目（10年後）に全額を返済し終える場合、各回における返済金額および返済金総額はいくらになるのか？　なお、年利率は8％とする。

　本来、アドオン方式によるローン返済では、10年という長期にわたるケースはまずないのですが、元金均等償還方式や元利均等償還方式と金利負担の違いを比較しやすいように、ここでは、あえて同じ条件にしてみました。

　アドオン方式では、「借入元本が一切変動しない」という前提で利息計算が行われます。ですので、このケースでは、1年当たりの支払い利息総額は、以下になります。

「100万円×8％＝8万円」

【事例1】の求め方

> アドオン方式による返済を一般式で表すと、次のようになる

- ■支払利息の合計＝当初借入額×$\frac{利率}{100}$×期間
- ■返済金額合計＝当初借入額＋支払利息の合計
- ■1回当たりの返済額＝$\dfrac{当初借入額\times(1+\frac{利率}{100}\times期間)}{返済回数}$

■元本の100万円を利率8％で10年間借り入れ、借入時から1年後を第1回目の支払日として10回払いで返済した場合、支払利息の合計、返済金額の合計、1回当たりの返済額は次のように計算される

[支払利息の合計]

$$100万円\times\frac{8.00}{100}\times10=800,000（円）$$

[返済金額合計]

$$100万円＋80万円＝180万円$$

[1回当たりの返済額]

$$\frac{1,000,000\times(1+\frac{8.00}{100}\times10)}{10}=\frac{1,800,000}{10}=18万円$$

　このため、10年という返済期間中に支払わなければならない利息合計額は、「8万円×10＝80万円」。

　したがって、借入元金を含む支払い総額は、

「100万円＋80万円＝180万円」

になります。

　この計算によって求められた支払い総額を返済回数である10回で割れば、1回当たりの返済総額を求めることができます。つまり、

「180万円÷10＝18万円」

ということです。

15 住宅ローンの「借換え」&「繰上げ返済」について

> **ポイント**
> 金利が高い頃の住宅ローンを抱えている人は、「借換え」や「繰上げ返済」を用いて、少しでも住宅ローン負担を減らせるように工夫をしていくことが肝心。

⮕ お得！賢い！「借換え」&「繰上げ返済」プラン

　ここまで、「元金均等償還方式」「元利均等償還方式」「アドオン方式」と、長期割賦返済に関する利息計算を学んできたわけですが、ローンの利息計算で、多くの人が一番関心を持っているのが、おそらく住宅ローンの「借換え」や「繰上げ返済」についてでしょう。
　いずれも、毎月の返済負担を軽減させることに主眼が置かれ、
●景気低迷によって収入が減ってしまい、少しでも住宅ローンの毎月返済額を引き下げたいと思っている人
●かつての高金利時代に住宅ローンを組んでしまい、現在、その高い借入利率で返済を続けている人

にとっては、大いに活用を考えたいところです。
　では、住宅ローンの「借換え」や「繰上げ返済」を行う場合、どんな点に注意すればいいのでしょうか？
　以下、具体例を挙げながら考えてみましょう。

事例1

年利率が8.76％の住宅ローンを借り入れ、元利均等償還方式で返済するとする。借入金総額は1,000万円、返済期間は20年間。
そして、ちょうど7年間（84回）返済した時点で金利が下がってきたため、新たに年利率6.48％で借り換えた場合、どの程度の利息軽減効果があるのか？　なお、借換えをする際に諸々の手数料として、20万円がかかるものとする。

まず、年利率8.76％で20年間返済した場合の返済総額を計算してみましょう。

元利均等償還方式の一般式に所与の数値をあてはめると、毎回の返済金額は8万8,435円になります。

そして、これを20年間（240回）にわたり返済し続けた場合の返済総額は2,122万4,400円になります。

次に、7年間（84回）返済した時点で年利率6.48％で借り換えたケースを考えてみましょう。

通常、借換えをする場合は、諸々の手数料がかかりますが、ここでは諸手数料額を20万円とします。

84回返済し終えた時点での残債務額は821万9,219円。したがって、ここに諸手数料の20万円を上乗せした841万9,219円を、新たに年6.48％で借り入れることになります。

この時点ですでに7年間返済していますから、残りの返済期間は20年間から7年間を差し引いた13年間（156回）になります。

再びこの所与の数値を、元利均等償還方式の一般式に当てはめて計算すると、毎回の返済金額は7万9,993円になります。

したがって、84回にわたって毎回8万8,435円を返済し、残りの156回を毎回7万9,993円ずつ返済し続けたとすると（支払最終回は

「借換え」シミュレーション（事例１）

[事例１]84回返済した時点で年6.48％に借換えをした場合

(円)

返済回数	元本部分	利息部分	返済金総額	借入金残高
				10,000,000
1	15,435	73,000	88,435	9,984,565
2	15,548	72,887	88,435	9,969,017
3	15,661	72,774	88,435	9,953,356
4	15,775	72,660	88,435	9,937,581
5	15,891	72,554	88,435	9,921,690
6	16,007	72,428	88,435	9,905,683
7	16,124	72,331	88,435	9,889,560
⋮	⋮	⋮	⋮	⋮
82	27,821	60,614	88,435	8,275,472
83	28,024	60,441	88,435	8,247,448
84	28,229	60,206	88,435	8,219,219
●821万9,219円に20万円の手数料を乗せて借換え				8,419,219
85	35,609	44,384	79,993	8,383,610
86	34,721	45,271	79,993	8,348,888
87	34,909	45,084	79,993	8,313,979
88	35,097	44,895	79,993	8,278,882
89	35,287	44,706	79,993	8,243,595
90	35,478	44,515	79,993	8,208,117
⋮	⋮	⋮	⋮	⋮
228	74,597	5,396	79,993	924,722
229	74,999	4,993	79,993	849,723
230	75,404	4,589	79,993	774,318
231	75,812	4,181	79,993	698,506
232	76,221	3,772	79,993	622,285
233	76,633	3,360	79,993	545,653
234	77,046	2,947	79,993	468,606
235	77,463	2,530	79,993	391,144
236	77,881	2,112	79,993	313,263
237	78,301	1,692	79,993	234,962
238	78,724	1,269	79,993	156,237
239	79,149	844	79,993	77,088
240	77,008	0	77,088	0
計			19,904,543	－

誤差あり)、20年間の返済総額は1,990万4,543円になります。

つまり、借換えをせずに返済し続けた場合に比べて、返済総額は約131万9,857円もおトクになるのです。

> **事例2**
>
> 　年利率が8.76%の住宅ローンを借り入れ、元利均等償還方式で返済するとする。借入金総額は1,000万円、返済期間は20年間。
> 　このローンを10回返済し終えた時点で、たまたま定期預金が満期となり、50万円が手元にあるとする。これを使って繰上げ返済した場合、どの程度利息が軽減できるのか？

　月々の返済をある程度軽減したいのであれば、「繰上げ返済」を積極的に活用するといいでしょう。

　次ページの図表の返済シミュレーションにそって、繰上げ返済の返済軽減効果について考えていきましょう。

　事例にもあるように、定期預金が満期を迎えて50万円の現金が手元にあるとします。

　この場合、50万円を新たな金融商品の購入にあてて運用するか、それとも、住宅ローンの残債務を抱えている人であれば、繰上げ返済するかの選択肢があります。

　繰上げ返済とは、手元にある現金を元本部分の返済にあてるということです。

　たとえば、10回の返済が終了した時点で、手元にある50万円を元本部分の返済にあてたとするとどうなるでしょうか？

　この場合、図表のアミがかかっている部分の「11回目から37回目」の部分が繰上げ返済した元本部分になります。

　つまり、2年以上かけて返済する元本部分を一気に支払ってしまっ

「繰上げ返済」シミュレーション（事例２）

11回目〜37回目までの返済軽減額	■元本部分……493,424円 ■利息部分……1,894,321円

支払回数	元本部分	利息部分	返済金総額	借入金残高
				10,000,000
1	15,435	73,000	88,435	9,984,565
2	15,548	72,887	88,435	9,969,017
3	15,661	72,774	88,435	9,953,356
⋮	⋮	⋮	⋮	⋮
9	16,360	72,075	88,435	9,856,959
10	16,479	71,956	88,435	9,840,480
11	16,599	71,836	88,435	9,823,880
12	16,721	71,714	88,435	9,807,160
13	16,843	71,592	88,435	9,790,317
14	16,966	71,469	88,435	9,773,351
15	17,090	71,345	88,435	9,756,262
16	17,214	71,221	88,435	9,739,047
17	17,340	71,095	88,435	9,721,707
18	17,467	70,968	88,435	9,704,241
19	17,594	70,841	88,435	9,686,647
20	17,722	70,713	88,435	9,668,924
21	17,852	70,583	88,435	9,651,072
22	17,982	70,453	88,435	9,633,090
23	18,113	70,322	88,435	9,614,977
24	18,246	70,189	88,435	9,596,731
25	18,379	70,056	88,435	9,578,352
26	18,513	69,922	88,435	9,559,839
27	18,648	69,787	88,435	9,541,191
28	18,784	69,651	88,435	9,522,407
29	18,921	69,514	88,435	9,503,485
30	19,060	69,375	88,435	9,484,426
31	19,199	69,236	88,435	9,465,227
32	19,339	69,096	88,435	9,445,888
33	19,480	68,955	88,435	9,426,408
34	19,622	68,813	88,435	9,406,786
35	19,765	68,670	88,435	9,387,021
36	19,910	68,525	88,435	9,367,111
37	20,055	68,380	88,435	9,347,056
38	20,201	68,234	88,435	9,326,854
39	20,349	68,086	88,435	9,306,505
40	20,498	67,937	88,435	9,286,008
41	20,647	67,788	88,435	9,265,361
42	20,798	67,637	88,435	9,244,563
43	20,950	67,485	88,435	9,223,613
44	21,103	67,332	88,435	9,202,510

たことになります。

　元本部分の支払い総額は49万3,424円になりますが、これを毎回返済していくと、利息部分と合わせて238万7,745円も返済しなければなりません。

　わずか50万円足らずの資金でも、繰上げ返済にあてれば、この間の利息部分である189万4,321円を節約できる計算になるのです。

　言い換えると、これは「49万3,424円の資金を投資することによって、189万4,321円の利益が出た」ことと同じです。

　これによって、残りの返済期間は203回（約17年）になります。つまり、17年間の運用期間で、約50万円が「3.83倍」になったということです。

　これを、220ページにある図表の一般式にあてはめて計算してみましょう。

　この計算式は、17年間の運用期間を1年複利で運用し、元本である49万3,424円が189万4,321円になったことを前提に、利回りを求めるものです。

　すると、「8.235％」という利回りが算出されます。

　住宅ローンを抱えている場合は、下手に預貯金をして低利で預けているより、「繰上げ返済」をして借入金額を減らす努力をした方が、このケースでは、約50万円を17年の間、「8.235％」という高利で運用したことになり、よほど賢いと言えます。

「繰上げ返済」は、高金利商品に投資するのと同じ！

> 元本49万3,424円を17年間運用した結果、189万4,321円になったとも言え、元本が3.83倍になったと考えられる

■17年間の運用期間を1年複利で運用し、元本が3.83倍になる利率を求めるための一般式は、以下のとおり

$$\left\{\left(\frac{元利合計}{元本}\right)^{\frac{1}{17}} - 1\right\} \times 100$$

■条件を一般式に挿入すると、

$$\left\{\left(\frac{1,894,321}{493,424}\right)^{\frac{1}{17}} - 1\right\} \times 100$$

■（　）内の分数を計算すると、

$$1,894,321 \div 493,424 = 3.839134294$$

■乗数部分の $\frac{1}{17}$ を整数に直すと、

$$1 \div 17 = 0.058823529$$

■3.839134294の0.058823529乗がいくらになるかを求めると、

$$3.839134294^{0.058823529} = 1.082347366$$

※この計算を簡単に解くには、関数電卓があれば便利

■一般式にのっとって利回りを計算すると、

$$(1.082347366 - 1) \times 100 = 8.235\%$$

PART 6

「金利感覚」を養えば、今後の経済の動きが読めてくる！

1 なぜ、「金利感覚」を養うことが大事なの？

> **ポイント**
> インチキ金融商品に引っ掛からないためには、日頃から、しっかりとした「金利感覚」を持てるように訓練しておくことが大切。

❷「どうして、金利のことを学ばなければならないの？」

　ここまで読み進められてきた方の中には、このような疑問を感じた方もいらっしゃるかと思います。どうして今、金利のことを学ばなければならないのでしょう？

　日本は2006年3月に量的金融緩和を解除し、同年7月にはゼロ金利政策を解除。バブル経済が崩壊してから長きにわたって続いてきた超低金利時代に別れを告げるはずでした。

　ところが、2007年の夏に米国のサブプライムローン問題が顕在化し、翌2008年10月にはリーマン・ショックが勃発。世界同時不況のさなか、再び金利が下がり始め、預貯金金利はまたも低下傾向をたどることになりました。

　本書を執筆している2009年8月時点では、やや上昇の気配はあるものの、長期金利は1.410％、公定歩合（現在は「基準割引率および基準貸付利率」に名称が変更）は0.30％。過去の金利水準から見れば、やはり〝超低金利〟であることに変わりはありません。

「ここまでくると、人々の金利に対する関心はさらに薄れてくるのではないか？」——。私自身、このような思いがあったのは事実です。

ビッグやワイドといった高金利時代に人気を集めた金融商品の多くは、今やほとんど扱われていません。マネー雑誌や新聞の家庭経済面でも、この手の金融商品が取り扱われるケースはほとんど見られなくなりました。

ところが現実には、金利に対する関心がなくなるどころか、逆に、より一段と金利選好が強まったようです。ここ４、５年の間に、一番個人の人気を集めた金融商品は何だったでしょうか？

まずは「毎月分配型ファンド」です。これは、外国の債券を組み入れ、そこから得られる利子を原資として、毎月、ファンドの保有者に分配金を支払っていく投資信託です。

「グロソブ」という名前を聞いたことがある方もいらっしゃるでしょう。国際投信投資顧問という投資信託会社が設定・運用している「グローバル・ソブリン・オープン（毎月決算型）」の愛称ですが、同ファンドは５兆円超の資金を集め、日本国内で設定・運用されている投資信託の中では、文句なしの最大規模のファンドです。

このファンドを購入していた人の多くは、年齢50歳以上。超低金利で預貯金から得られる利息が目減りするのを少しでも食い止めるため、為替リスクを果敢にとって、預貯金に比べてはるかに高い同ファンドの分配金に群がったのです。

「ＦＸ（外国為替証拠金取引）」も人気を集めました。「金利選好なのに、どうして為替？」と思う方もいらっしゃるでしょう。

確かに、リーマン・ショック後は世界的に低金利化が進んだため、スワップポイントが大幅に減少し、短期トレードで為替差益を狙うという投資スタイルが定着しました。

が、それ以前は、豪ドルやニュージーランドドルなどの高金利通貨

を買い、当時はまだ非常に高かったスワップポイントを狙うという投資スタイルが中心でした。

　これも、低利の円に嫌気が差し、より高い金利を海外に求めた結果でしょう。同じ意味で、外貨預金や外国債券なども人気化しました。つまり、より高い金利を求める動きは依然として続いていたのです。より高金利を得るために、円建ての資産ではなく、外貨建ての資産が人気化しただけの話でした。

　でも、高金利を狙うにはそれ相応のリスクが伴います。安易な高金利商品への投資は、資産の目減りリスクを高めるだけなのです。それを理解して投資している人が、どのくらいいるでしょうか？

　以前、ある外資系投資信託会社が外債ファンドについて、それを保有している個人投資家を対象にアンケート調査を実施したことがありました。以下はその時の質問内容です。

　「金利が上がると債券価格は上昇する──YESか？　NOか？」

　答えは「NO」です。ところが、「YES」と答えた人が6割以上もいたのです。つまり、多くの人が債券の利回りと価格の関係も知らずに、外債ファンドを積極的に購入しているということです。

● 金利感覚を持てば、賢い資産運用はもちろん、「自己防衛」にもなる！

　前置きが長くなりましたが、今、金利を学ぶことの意味は、投資リスクをきちっと理解して正しい金融商品選びをするためにあるのです。

　前述したように、2009年8月時点の長期金利は1.410％、公定歩合（基準割引率および基準貸付利率）は0.30％です。このような金利情勢下で、もしも元本保証で年5％の金融商品があったら、あなたはどう思いますか？

　「有利な商品が出たな。ぜひ買ってみよう！」

「金利感覚」を持てば、自己防衛につながる！

```
金融商品の利率 ＞ 市場金利
        ↓
       詐欺？

金融商品の利率 ≦ 市場金利
        ↓
       まとも
```

　こう思った方は、非常に危険です。ここまで市場金利が低いのに、元本保証で5％もの高い利回りを保証する金融商品など、まず存在するはずがないのです。つまりこれは、詐欺的な金融商品である可能性が非常に高いのです。

　最近は、金融詐欺的な話も増えてきました。この手の詐欺に一度引っ掛かってしまうと、相手は次から次へと甘い言葉でさらなる投資を勧め、持っている資産を吐き出させようとします。

　そして、詐欺事件と気づいた時には後の祭り。相手に渡したお金はまず戻ってきません。持っている資産をすべて失うことにもなりかねないのです。でも、しっかりとした「金利感覚」を持っていれば、このような話に引っ掛からずにすみます。つまり、金利を学ぶことは「自己防衛」にもつながるのです！

2 「金利データ」を記録すると「金利感覚」が養える！

> **ポイント**
> 毎日、金利をノートに記録することで、「今の金利水準はどのくらいか？」「今の金利は上昇・下降どちらの局面にあるのか？」が読めてくる。

● 毎日ノートに手書きで付けると効果てきめん！

では、どうしたら「金利感覚」を養うことができるのでしょうか？「金利感覚」と言っても、そんなに難しい話ではありません。要は、

- 「現在の金利水準はどのくらいなのか？」
- 「今の金利は上昇局面にあるのか、それとも低下局面にあるのか？」

の2点がわかれば、それで十分です。

このような金利感覚を養うのに一番効果的な方法は、金利を毎日ノートに付けることです。「毎日は面倒だ」というのであれば、週末の金利を付けるだけでもいいでしょう。

大事なのは、続けること。定期的に記録するからこそ、今の金利水準がどの程度なのか、すぐにわかるようになります。

何の予備知識もない状態で、「現在の長期金利は何％ですか？」と問われて、あなたは即答できますか？

恐らく無理でしょう。これでは、前述したような「元本保証、利回

「金利データ」を日々ノートに付けると効果大！

年月	日	国内長期金利 新発10年国債	無担保コール 翌日物	CD 1M	CD 3M	米国債 10年	米国債 30年
2008.12	1	1.390	0.299	0.720	0.800	2.73	3.21
	2	1.340	0.279	0.720	0.800	2.68	3.17
	3	1.390	0.257	0.720	0.800	2.66	3.16
	4	1.355	0.263	0.720	0.800	2.55	3.04
	5	1.370	0.256	0.720	0.800	2.70	3.12
	8	1.390	0.275	0.740	0.800	2.74	3.15
	9	1.390	0.255	0.760	0.800	2.64	3.04
	10	1.410	0.247	0.770	0.800	2.68	3.08
	11	1.410	0.299	0.780	0.810	2.60	3.06
	12	1.390	0.222	0.790	0.820	2.57	3.04
	15	1.375	0.235	0.790	0.820	2.51	2.95
	16	1.365	0.242	0.790	0.820	2.26	2.76
	17	1.300	0.239	0.790	0.820	2.19	2.66
	18	1.260	0.237	0.790	0.820	2.08	2.52
	19	1.220	0.203	0.770	0.790	2.12	2.55
	22	1.210	0.124	0.600	0.630	2.17	2.63
	23	—	—	—	—	2.18	2.64
	24	1.205	0.121	0.600	0.620		
	25	1.215	0.118	0.570	0.620		
	26	1.200	0.116	0.540	0.620		
	29	1.200	0.111	0.370	0.620		

り年５％！」などと言った話に、つい乗ってしまうかもしれません。でも、現在の金利水準を把握していれば、この手の詐欺に引っ掛かることもないわけです。

では、「無担保コール翌日物金利」「CD３カ月物金利」「長期金利」「預貯金の年平均利回り」「住宅ローン金利」……と、数ある金利の中でどれをノートに付ければいいのでしょう？

もちろん、すべて付ければそれに越したことはありませんが、そこまでする必要はありません。上図で示した４つで十分です。

あとはノートに付けていくだけです。パソコンの表計算ソフトに入力していく方法もありますが、不思議と手書きの方が効果があります。人間は手で書くことによって、脳に記憶が植え付けられていくようです。一度試してみてはいかがでしょうか？

3 「金利データ」は、ここで入手しよう！

> **ポイント**
> 金利のデータは、意外と身近なところにある。新聞のマーケット欄に掲載されている数字を用いてもいいし、ネットでこの手のデータを検索することもできる。

● 新聞の経済欄からの入手が一番の近道

　金利データをノートに付けるのはいいですが、問題は、そのデータをどこから引っ張ってくるかでしょう。

　一番簡単なのは、新聞を利用することです。たとえば「日本経済新聞」。全国紙ですが経済新聞という性格が強いので、他の新聞に比べてマーケットデータが豊富に掲載されています。

　注目したいのは、新聞の中面にある「マーケット総合」というページです。ここには「金利」だけでなく、「株価」「為替相場」「商品価格」など、あらゆるマーケットデータが掲載されています。

　長期金利は、「主要指標」というところに掲載されています。「債券市場」という小さな欄があり、そこに新発10年国債の利回りが掲載されています。

　これは、日本相互証券が発表しているもので、2009年8月1日時点では、302回債が指標銘柄になっています。

　つまり、これが長期金利の指標的な金利になります。ちなみに、同

日経新聞「債券市場」&「短期金融市場」欄の見方

新規発行の意味

指標銘柄の利回り、主要16業者と日本相互証券のデータをもとに算出されている

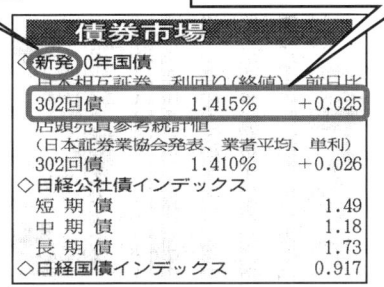

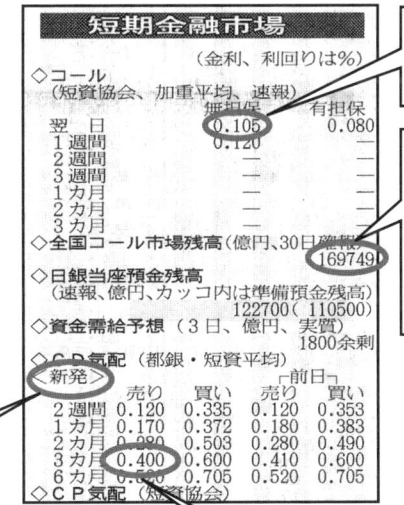

債券市場

◇新発10年国債
日本相互証券　利回り（終値）　前日比
302回債　　　1.415%　　　+0.025
店頭売買参考統計値
（日本証券業協会発表、業者平均、単利）
302回債　　　1.410%　　　+0.026
◇日経公社債インデックス
　短　期　債　　　　　1.49
　中　期　債　　　　　1.18
　長　期　債　　　　　1.73
◇日経国債インデックス　0.917

短期金融市場

（金利、利回りは%）
◇コール
（短資協会、加重平均、速報）
　　　　　無担保　　　有担保
翌　日　　0.105　　　0.080
1週間　　0.120　　　　―
2週間　　　―　　　　　―
3週間　　　―　　　　　―
1カ月　　　―　　　　　―
2カ月　　　―　　　　　―
3カ月　　　―　　　　　―
◇全国コール市場残高（億円、30日確報）
　　　　　　　　　　　169749
◇日銀当座預金残高
（速報、億円、カッコ内は準備預金残高）
　　　122700（110500）
◇資金需給予想（3日、億円、実質）
　　　　　　　　　　1800余剰
◇CD気配（都銀・短資平均）
　新発　　　　　　　　前日
　　　売り　買い　　売り　買い
2週間　0.120　0.335　0.120　0.353
1カ月　0.170　0.372　0.180　0.383
2カ月　0.280　0.503　0.280　0.490
3カ月　0.400　0.600　0.410　0.600
6カ月　0.520　0.705　0.520　0.705
◇CP気配（短資協会）

無担保コール翌日物の金利

コール市場の資金残高。この数字が低下すると、コール金利が上昇しやすくなる

新たに発行されるCDという意味

CD3カ月物の金利。「売り」は銀行がCDを売る（つまり資金を調達する）のに適用される金利。一方「買い」は、CDを購入する（資金を運用する）のに適用される金利

〈2009.8.1付け日本経済新聞朝刊〉

日の金利は1.415%で、前日に比べて0.025%上昇しています。

　次に短期金利。長期金利と同じく、主要指標のところに「短期金融市場」という項目があり、その中にCD気配というデータがあります。

　短期金利の指標は、「無担保コール翌日物金利」と「CD3カ月物」

PART6.「金利感覚」を養えば、今後の経済の動きが読めてくる！

の金利ですが、ここでは「ＣＤ３カ月物」の金利を採用します。したがって、ＣＤ気配の３カ月の欄をチェックします。

　すると、2009年８月１日現在「売り0.400％　買い0.600％」となっています。気配というのは、「○○％なら売りますよ、○○％なら買いますよ」という意味です。なお、売り・買いの主体は銀行です。

　つまり、この例で言うと、銀行からＣＤ３カ月物を買って運用する場合の金利は「0.400％」、逆に銀行に手持ちのＣＤ３カ月物を売って資金を調達する際の金利は「0.600％」になります。

　基本的には、この２つの金利を押さえておけば、国内金利の動向を把握することが可能です。

⇨「原油価格の動向」にも注目すれば、より経済の動きがつかめる

　ただ、もう少し凝ってみたいというのであれば、金利形成に影響を及ぼす要因についても、合わせてチェックすることをお勧めします。

　たとえば「原油価格の動向」。原油価格が上昇すれば、インフレリスクが高まりますので、金利が上昇しやすくなります。

　原油価格については、米国のＷＴＩ（ウエスト・テキサス・インターミディエイト）が世界の指標的な存在です。日経新聞からこのデータをとるのであれば、朝刊ではなく夕刊になります。

　日経新聞の夕刊には、前日の米国市場のマーケットデータが掲載されています。夕刊にもマーケット総合というページがあり、その中に原油価格が掲載されています。ちなみに、2009年７月30日時点のＷＴＩ（９月限月）は、１バレル＝63.35ドルになっています。

　時系列で見ていって、原油価格の水準が上昇傾向をたどっている場合は、いずれ利上げ観測から、長期金利の水準が上昇する可能性があると考えられます。

日経新聞「海外商品先物・現物」欄の見方

「WTI（ウエスト・テキサス・インターミディエイト）」は、世界の原油価格の指標的存在

```
29日      海外商品先物・現物  （左側は当日
                              右側は前日）
         石　油           12月   1,329.4   1,377.9
◇ニューヨーク              1月   1,330.4   1,378.9
▽原油（先物、標準品はWT  売買高（1枚＝5,000トロイオンス）
   1バレル、ドル）                  ―      25,891
 9月    63.35   67.23    建 玉（同）  ―    97,761
10月    65.23   68.98   ▽銀（現物、1トロイオンス、セント）
11月    66.90   70.46    ハンディー＆ハーマン
12月    68.10   71.46             1,333.0   1,369.5
 1月    69.06   72.24   ▽プラチナ（先物、1トロイオンス、
売買高（1枚＝1,000バレル）      ドル）
            ―    411,377   9月   1,167.6   1,192.0
建 玉（同）― 1,173,580  10月   1,172.2   1,196.6
▽製品（先物、1加ロン、セント）  1月   1,178.1   1,202.5
ガソリン（改質基材）       売買高（1枚＝50トロイオンス）
 8月   185.50  191.06             ―       2,533
 9月   182.01  187.92   建 玉（同）  ―    22,289
10月   172.08  178.12  ▽パラジウム（先物、同）
11月   171.26  177.40    9月    255.50   260.00
12月   172.06  178.28   12月    256.55   261.00
売買高（1枚＝42,000加ロン）   3月    258.05   262.50
            ―     58,948  売買高（1枚＝100トロイオンス）
建 玉（同）―   204,976            ―         739
ヒーティングオイル        建 玉（同）  ―    18,365
 8月   167.13  176.47  ◇ロンドン
 9月   169.58  178.84  ▽金（現物、値決め、1トロイオンス、
10月   172.88  182.04         ドル）
11月   176.65  185.56   午前    935.50   955.00
12月   180.39  189.00   午後    931.00   944.25
                         非鉄・レアメタル
                       ◇ロンドン
                       銅（グレードA、1トン、ドル）
                         B5,418.0  B5,513.0
                         B5,430.0  B5,520.0
                         B5,420.0  B5,500.0
                         B5,395.0  B5,470.0
                       売買高（1ロット＝25トン）
                                ―      80,574
185.75―186.25          ▽すず（ハイグレード、同）
    191.50―192.75      現物  B14,285  B14,650
◇ロンドン
```

限月（げんげつ）。9月は9月に決済される先物のこと。基本的には、最も決済期日が先の価格を見る。この場合は1月

〈2009.7.30 付け日本経済新聞夕刊〉

　また、海外の長期金利なども、すべて夕刊に掲載されています。「海外金利」という項目を見ると、米国やイギリス、ドイツなど主要国の金利が掲載されています。

　これも、すべてをウォッチする必要はないでしょう。前項で述べたとおり、米国であれば「10年物国債」（米国債10年）が長期金利の指標的な存在になっていますから、「米欧長期」の箇所で確認してください。また、ユーロについては、同じく「米欧長期」の箇所にある「独連邦債」の「10年」をチェックしてください。

　これで、海外の長期金利もチェックできたことになります。

PART6.「金利感覚」を養えば、今後の経済の動きが読めてくる！　231

4 国内外の「要人」発言に注意しよう！

> **ポイント**
> 主要各国の中央銀行総裁の発言には、特に注目しよう。彼らの言葉の裏には、今後の「金融政策」の方針が潜んでいることが多い。

⊃ 発言が何を意味するのか先読みできれば、あなたも立派な経済通！

　ノートに金利データを記録するようになると、徐々に新聞やテレビのニュースが気になってきます。

　実際、経済や金融に関わるニュースで、金利が大きく変動するケースもあります。特に、各国の要人発言には注意してください。

　ここで言う要人とは、金融政策をつかさどる各国の中央銀行総裁などが中心になります。

●「日銀総裁の発言で、市場はどう反応するのか？」

　たとえば、日銀の白川方明総裁は、2009年6月24日に、
「我が国の景気は大幅悪化となったが、下げ止まりつつある」
と発言しました。

　景気が悪化している局面では、日銀は金融緩和を実施します。金利が低下しやすいように、金融市場に潤沢な資金を供給するのです。その結果、金利は低下傾向をたどっていきます。

金融市場などの相場を動かす要人の一言

日付 (2009年)	国	発言者／内容
08.11	日本	**白川・日銀総裁** 「物価下落圧力解消には暫らく時間がかかる見込み」「デフレスパイラルに陥るリスクは小さい」「最終需要の強さに確信持てず」「経済の調整にも時間が掛かる見込み」「金融環境は更なる改善が望める」
08.11	豪	**スワン・豪財務相** 「豪の政策金利はいずれ上昇せざるを得ない」
08.11	日本	**日銀声明文** 「据え置きは全会一致」「長期国債買い入れ額、月1.8兆円に据え置き」「景気は下げ止まっているとの情勢判断も据え置き」
08.10	EU	**リッカネン・フィンランド中銀総裁** 「欧州経済の急降下状態は終了した」
08.10	米	**タイソン・米大統領経済顧問** 「米国の景気刺激策、今年下半期により大きな効果が見られよう」「米国の下半期の景気は予想以上に力強くなる可能性高い」
08.07	米	**オバマ・米大統領** 「失業が出ている限り、米国は本当の回復ではない」「経済危機において、最悪期は脱しただろう」
08.07	米	**米大統領報道官** 「今回の雇用統計の結果は米経済が景気後退のふちから脱した証拠」「オバマ米大統領は今年後半には失業率が10％に達すると予想」
08.07	中国	**中国国家発展改革委高官** 「景気回復は、未だ均衡も安定もしていない」「積極的財政政策と、緩和的金融政策を維持」「中国経済は世界経済とは無関係ではいられない」
08.07	EU	**トリシェ・ECB総裁** 「景気の下落局面は終了したが、警戒は必要」「経済は依然縮小局面にある」「金融システム支援のため、多くの手段を講じている」

●「FXプライム」ホームページ(2009年8月12日付)より作成

ところが、日銀総裁が「下げ止まりつつある」という発言をしたということは、「日本の景気後退局面も、そろそろ最終段階に差し掛かってきた」という解釈が成り立ちます。
　景気後退が最終局面ということになれば、そのうち底を打って、やがては回復局面に向かうことが想像できます。
　そうなった時、金融市場はどう反応し、金利はどう変動するのでしょうか？
　景気が回復へと向かうのですから、徐々に金利水準を切り上げていくはずです。つまり、「金利上昇」です。

● 「米国のＦＲＢ、ＦＯＭＣの場での要人発言で、市場はどう反応するのか？」
　次は、米国の要人発言です。
　米国で金融政策を担当しているのは、「ＦＲＢ（連邦準備制度理事会」と「ＦＯＭＣ（連邦公開市場委員会）」が中心です。
　2009年6月24日、ＦＯＭＣは、
　「インフレは一定の期間、沈静化した状態が続く」
　と声明文を発表しました。
　度重なる利下げによって、すでに日本並みの超低金利局面にある米国ですが、インフレが一定期間沈静化するのであれば、急に金利を引き上げなくてもよいと考えている可能性があります。
　まだ景気は厳しい局面にあるだけに、「当面、利上げを行うことはない」、つまり、米国の「金利が上昇する可能性は低い」ことを示唆した発言と読み取ることができます。
　2009年に入ってから、米国では、長期金利が大きく上昇してきました。その理由は、度重なる景気刺激策によって財政赤字が拡大しており、「米国国債の格下げが行われるのではないか？」との市場観測

が広まったためです。

　こうした金利上昇に警鐘を鳴らすという意味で、ＦＯＭＣの場で、この手の発言が行われたのかもしれません。

　もう一つ、2009年6月25日のバーナンキＦＲＢ議長の発言も取り上げておきましょう。

「インフレ阻止に向け、いずれ金融刺激を巻き戻す」

「金融刺激」とは、言い換えると「金融緩和」のことです。

　金融緩和、つまり金利を引き下げることによって、金融面から景気刺激策を行うという意味です。

　それを巻き戻すというのは、要は、「元の状態に戻す」という解釈が成り立ちます。

　将来的にインフレ懸念が強まった時には、即座に金融刺激をやめて、金利水準を元に戻すということですから、金利には「上昇圧力」がかかってきます。

　これは、あくまでも私自身の勝手な解釈であり、バーナンキＦＲＢ議長が本当にそう考えているのかどうかはわかりません。

　ただ、このような裏読みを続けていくうちに、徐々に「金利感覚」は養われていくのです。

5 「景気」や「物価」の データにも注目しよう!

> **ポイント**
>
> 「金利」を動かす要因である「景気」や「物価」も、新聞などをチェックすることで現状がどうなっているのか把握できる。これは、「金利」の先行きを読む上で非常に重要になってくる。

◯「消費者物価指数」で今後の経済を読み解く

　ここまで説明してきたことを実践すれば、「金利感覚」は確実に養えると思います。
　ただ、もう少し金利動向を〝先読みしたい〟のであれば、「景気」や「物価」に関連する経済指標にも注意しておくといいでしょう。
　この手のデータは、それぞれの経済指標を発表している官庁のホームページで見ることができます。

●「消費者物価指数」
　物価であれば、「消費者物価指数」は要注目。これを発表しているのは総務省になります。
　たとえば、消費者物価指数の対前年同月比が上昇している場合、金利には上昇圧力が加わるので、金利動向を予測する上で重要な指標の一つとなります。

消費者物価指数以外に、物価に関連する経済指標としては、「企業物価指数」というのもありますが、国民の生活実感に近い物価指数となると、やはり「消費者物価指数」に注目した方がいいでしょう。

　消費者物価指数は毎月調査されており、調査月の翌月末に、全国の速報値が発表されます。

➡「日銀短観」&「景気動向指数」で今後の経済を読み解く

　次に「景気」です。景気に関連した経済指標は、実にさまざまです。いずれも、景気の実態を把握する上では重要なものばかりですが、まずは「日銀短観」に注目しましょう。

●「日銀短観」

　「日銀短観」とは、正確には「企業短期経済観測調査」と呼ばれ、日銀が四半期に1度のペースで調査し、結果を公表しています。公表のタイミングは4、7、10、12月で、「4、7、10月は月初」、「12月は中旬」の発表になります。

　なぜ、日銀短観なのかというと、金融政策をつかさどる日本銀行が作成している経済指標だからです。そのため、日銀短観の数字が、金融政策に影響を及ぼす可能性が高いと考えられています。

　日銀短観を見る場合は、「業況判断DI」という数字がポイントになります。これは、企業経営者に今後の景況感をアンケート調査したものです。

　DIとは「良い」と答えた回答比から、「悪い」と答えた回答比を引いて求められたもので、プラスが大きくなるほど、企業経営者の景況感がよく、逆にマイナスが大きくなるほど、景況感が悪化していることになります。

● 「景気動向指数」

　日銀短観以外では、内閣府が作成している「景気動向指数」も要注目です。これは毎月調査が行われており、速報値は、調査月の翌々月上旬になります。

　「景気動向指数」は、①「先行指数」、②「一致指数」、③「遅行指数」という3つの指数があります。

　以下、それぞれ見ていきましょう。

① 「先行指数」

　景気の動きに先行するもので、景気の先行きを占う上で参考になります。

② 「一致指数」

　景気の現状とほぼ同じ動きをするもの。

③ 「遅行指数」

　景気の現状に遅れて動く傾向があるので、本当に景気がよいのかどうかを確認するために用いられます。

　ポイントは、やはり①「先行指数」と②「一致指数」になります。それぞれ、

● 数字が50を超えていれば→「景気拡大局面」
● 数字が50を下回っていれば→「景気後退局面」

　と判断されます。

「最新景気」ニュース（2009年）

➡ (8/12) 7月の企業物価、8.5%低下　下落率最大に

➡ (8/11) 景気判断、4カ月ぶり据え置き　8月の月例経済報告

➡ (8/10) 7月の街角景気、回復鈍る　0.2ポイント上昇、天候不順で消費下振れ

➡ (8/10) 7月の銀行貸出残高2.2%増　伸び率、7カ月連続で縮小

➡ (8/10) 7月のマネーストック1.9%増　9年2カ月ぶりの伸び率

➡ (8/10) 6月の経常黒字、16カ月ぶり増　前年比2.4倍

➡ (8/10) 4～6月の機械受注、4.9%減に回復　製造業はプラス

➡ (8/10) 6月の機械受注9.7%増　4～6月は4.9%減　減少率は縮小

➡ (8/8) 7月の米雇用統計、失業率は9.4%に改善　雇用24万人減、大幅に縮小

➡ (8/7) 6月の景気動向指数、先行指数2.9ポイント高　過去最大の上昇率

➡ (8/7) 景気判断、4カ月ぶり据え置きへ　8月の月例報告

➡ (8/6) 6月の産業機械受注35%減　6カ月連続マイナス

●「NIKKEI NET」ホームページ（2009年8月12日付）より作成

PART6.「金利感覚」を養えば、今後の経済の動きが読めてくる！

【著者プロフィール】

鈴木　雅光（すずき・まさみつ）

◎―1967年生まれ。岡三証券、公社債新聞社などを経て2004年に独立し、「JOYnt」を設立。代表となる。経済、金融の分野を中心に、雑誌への執筆、単行本やムックの企画・制作を行う。単行本は自著以外に、著者を発掘してプロデュースすることも。これまで制作に関わった本は110冊を超える。また、ラジオやテレビなどへの出演、番組ディレクター、プロデューサー業も展開している。

◎―著書に「銀行・ゆうちょが売りつける金融商品を買ってはいけない！」（洋泉社）、「海外投資信託の選び方・買い方」（テクスト）、「『外貨投資』ココさえわかればしっかり儲かる！」（大和出版）、「闇の金融犯罪」（講談社）など多数ある。

「金利」がわかると経済の動きが読めてくる！

2009年9月28日　第1刷発行

著　者――――鈴木雅光
発行者――――八谷智範
発行所――――株式会社すばる舎
　　　　〒170-0013 東京都豊島区東池袋3-9-7東池袋織本ビル
　　　　TEL　　03-3981-8651（代表）
　　　　　　　03-3981-0767（営業部直通）
　　　　FAX　 03-3981-8638
　　　　URL　 http://www.subarusya.jp/
　　　　振替　 00140-7-116563

印　刷――――図書印刷株式会社

落丁・乱丁本はお取り替えいたします
©Masamitsu Suzuki
ISBN978-4-88399-851-7 C0030 2009 Printed in Japan